なぜ、あなたは他人の目が気になるのか？

根本裕幸 著
Hiroyuki Nemoto

Forest
2545
Shinsyo

まえがき　人間関係の悩みを解消して自分らしく生きよう！

「人との距離感がわからない」

「いつも相手の顔色をうかがってしまって言いたいことが言えなくなる」

「人との関係がぎくしゃくすると、自分が何かしたんじゃないかと思って不安になる」

「相手の反応に振り回されて、人間関係に疲れてしまう」

「良かれと思ってやっていることが、相手には重たく感じられてしまうみたい」

「いつも人間関係が原因で仕事がうまくいかなくなる」

「好きな人がいるけれど、どうやって近づいていいのかわからない」

「つい他人に干渉し過ぎて嫌われてしまうことが多い」

そんなご相談を、20年以上のカウンセリングの中でたくさんお聞きしてきました。

職場の人間関係はもちろん、夫婦や家族との問題、友人関係や習い事の仲間との関係、さらにはご近所付き合い……、突き詰めてみると、私たちの悩みの多くが人間関係に関することです。

逆に言えば、良好な人間関係を築くことさえできれば、私たちの悩みのほとんどが消えてなくなり、安心して自分らしい生活が送れるのです。

皆さんは、相手の気持ちを考えて自分の気持ちを抑え込んだり、「私さえ我慢すれば」とその場の空気に自分を合わせたり、良かれと思って相手が望むことを優先してあげたりすること、ありませんか？

特にそうした問題を抱えやすい人には、感受性の強い人、心がとても優しい平和主義な人が多いものです。相手の気持ちがわかりすぎるがゆえに、つい自分よりも相手のことを優先しがちです。

本書ではそうした生き方を「他人軸で生きている」と表現しています。自分を軸にするのではなく、他人を軸に行動してしまうからです。

最近、ＨＳＰ（Highly Sensitive Person）と呼ばれる心理学の概念が広がりました。とても敏感・繊細な気質のことで、およそ5人に1人が生まれ持っているといわれています。「敏感すぎる人」「繊細さん」などとも呼ばれ、その生きづらさから自由になるための方法を記した本がベストセラーになりました。

そしてまさにHSPのような気質を持った人が、つい自分よりも相手を優先する「他人軸」で行動し、人間関係に悩みを持ちやすくなっています。

もちろん、相手のために行動しているわけですから、そこに喜びを感じることもある一方で、自分のことを犠牲にして後回しにしてしまいます。

たとえば、あなたは「今日は家でゆっくりしたいな」と思っていても、友達が「買い物に付き合ってよ！」と誘ってきたら、渋々ながらも笑顔をつくって「いいよー！」と言ってしまうこと、ありませんか？　そのとき、「ゆっくりしたい私」は犠牲になって心の中に押し込められてしまいます。友達と一緒にいて楽しい時間もある一方で、「ゆっくりしたい」と思っていた私の気持ちは満たされないままです。

しかも、敏感すぎる人は気持ちの優しい人が多いので、友達と遊びに行ったのに疲れている自分のことが許せません。「せっかく友達が誘ってくれたのに、疲れた気分になってる私なんて最低！」と自分を責めてしまうのです。

このように他人軸で生きていると、どんどん心が疲れていきます。

†より複雑さを増してきた人間関係

あなたも日々感じていらっしゃると思いますが、人間関係が自分の思いどおりにいくことは少ないものです。

たとえば、好きな異性に近づきたいと思っているのに相手に距離を取られてしまうこともあります。一方で、苦手だと思っている取引先から妙に気に入られて距離を縮められることもあるでしょう。また、夫婦関係をもっとよくしたいと思っているのにパートナーにはその気が全然なく現状で満足している、なんて話も職業柄とてもよく耳にします。付き合いのうえで仕方なく一緒にいるのだけど、一刻も早く1人になりたいと思う場面は職場でもママ友付き合いでもよくあるシーンかもしれません。

さらにいえば、良かれと思って行動したのに相手は感謝どころか、悪意に取って文句を言ってくることだってあるでしょう。また、世界的に社会生活に大きな変化をもたらした新型コロナウイルスの影響も見逃せません。

他人との距離感がさらに遠くなったことを実感されている方も少なくないでしょう。それは自分軸をしっかり持つことには有効な面もありますが、一方で、孤独感を強く感じ、またオンライン中心の生活の中で新たな人との距離感に戸惑いを覚えている方も少なくないと思います。

そんなときにどうしたらもっと楽に、自分らしく、まわりの人と付き合うことができるのでしょうか？

† 人との距離を自在に操れるようになるために

人との距離感は水物で、昨日よかった距離が今日も有効である保証はありません。それは天気と同じように私たちの感情も常に変化しているからで、そうした変化に対応し、その時々で一番心地よい関係性を築けることが望ましいですし、私たち全員にその能力は備わっています。

そのように人との距離を上手にはかり、自分が心地よく振る舞えるようになるための方法をご紹介したのが本書なのです。本書を通読することで、人間関係をもっと自分らしく、スムーズに構築していく方法や考え方を学んでいただけます。

たとえば、仕事において自分が嫌いな人、苦手な人とも付き合わなければいけない場面が出てきます。あるいは、大好きだったパートナーのことがだんだん嫌になってくる時期も当然あります。

そんな人のために、「嫌いな人とはどう距離をつくったらいいのか？」についても詳しく解説させていただきました。

†かつての自分に読ませたい1冊

まず第1章では、人との距離感がうまくつかめない人によくあるパターンを紹介していきます。

そこで、人との間に境界線がうまく引けなかったり、スキルやテクニックに頼りすぎている自分を振り返りながら、コミュニケーションの心理的な側面について学んでいきます。

第2章では他人軸で生きている人の心理について詳しく紹介しています。人に合わせてしまうといってもいくつかのパターンに分かれます。たとえば、一見相手のために良いことをしているはずなのに、自分にも人間関係にも悪影響を与えている事象について解説しています。皆さんにとっては今の自分を振り返る機会になると思います。

第3章ではどうしたら他人軸を手放して、「自分軸」で生きられるのかについて考えます。

そこでは意外かもしれませんが、他人軸で生きていたころに培った「相手の気持ちを察する力」や「相手に合わせる能力」が生かされる点が大きなポイントです。

第4章では、私たちの人間関係に大きな影響を与えている「お母さん」との関係について深く掘り下げます。

私たちはさまざまなことを、お腹の中にいたころから一番近い存在であるお母さんから学びました。言葉はもちろん、価値観や感じ方なども母親との関係の中で学んできたのです。改めて母親との関係を見つめ直すことで、より円滑な人間関係を構築するヒントを得ていただきます。

第5章では、いよいよ自分が心地よいと感じる他人との距離のはかり方について詳しく解説します。

ここでは相手との距離感を「感じること」であったり、「与えること」の重要性から、相手を「信頼する」ことについて学びます。時には難しく感じられる考えもご紹介していますので、繰り返し読んで役立ててください。

第6章ではさらに1歩踏み込んで「嫌いな人」「苦手な人」との距離をどうつくったらいいのかについてご紹介します。

仕事ではもちろん、さまざまな場面で私たちは嫌いな人と接する必要がありますし、かつてはうまくいっていた関係がぎくしゃくすることもよくあるものです。そんなときにどうしたらいい関係を築いていけるのかを順を追って説明しています。

そして、第7章では人間関係の「あるある！」な困った事例と対処法について解説しています。どれも私のクライアントさんの実体験なのですが、皆さんにとっても参考になる方法が彼らの体験を通じて得られるでしょう。

＊

実は私も、特に20代のころなどは人間関係について悩むことが非常に多く、職場でもプライベートでもつまずきの連続でした。そのころの私は今から思えば完全なる他人軸に生きていました。自分にまったく自信が持てず、いつもまわりの人たちにどう思われているかばかりを気にしてビクビクしていました。

そんな自分をなんとかしたいと心理学を学び、自分と向き合い、そしてカウンセラーとして多くの方と接する機会をいただく中で、本書で紹介したノウハウを積み重ねてきました。

今でも稀に他人軸になって振り回されることもありますが、むしろそういう機会が新鮮に感じられるほどいい家族、友人、仲間たちに囲まれて生きています。

かつての私にぜひ贈りたい1冊であると同時に、同じ思いを感じている皆さんに役立てていただければと思っています。

もくじ ✝ なぜ、あなたは他人の目が気になるのか？

第2章 他人軸にいる人が幸せになれない理由

第3章 他人に振り回されないための自分軸のつくり方

第4章 あなたの人間関係をつくる母親の壁

第5章 心地よい距離のつくり方

第6章 嫌いな相手への境界線のつくり方

第7章 あるある！こじれた関係の直し方

装丁　山之口正和＋沢田幸平（OKIKATA）
イラスト・漫画　宮沢ゆい
本文デザイン・DTP　フォレスト出版編集部

第1章

なぜ相手との距離感がつかめないのか？

1-1 自分と相手との間に線引きできない人の特徴

†「いい人」は「都合のいい人」

雑誌の取材などでライターさんから「人間関係が疲れるという方が多いのですが、その一番の理由は何なのでしょうか？」という質問をたびたびいただきます。

私はよく次のようなリストを用いて説明します。

□他人に気をつかい過ぎる。
□人目を気にする。
□まわりの人がどう思っているのかが気になる。
□批判、否定されるのが怖い。
□バカにされたり、見下されるんじゃないか、という恐れがある。

□仲間外れになったり、1人だけ浮いてしまうのが怖い。
□間違いを犯すのが怖い、失敗するのが怖い。
□みんなと一緒だと安心する。
□期待に応えなきゃと思っているし、そうして生きてきた。
□まわりを失望させるのはすごく怖いし、嫌だ。
□自分に自信が持てない。
□自分にはあまり長所や価値や突出したものがないと思う。
□我慢しすぎているところがある。
□嫌われるのが嫌で無理してしまうことがある。
□本当の自分の姿がバレたらきっと人に嫌われると思っている。
□小さいころから自分の意見を押し殺してきた。

あなたはいくつくらい思い当たりますか？
当てはまった数が多い人ほど、人間関係に疲れているはずです。

多少強引ですが、このリストからうかがえる人物像をまとめると「自分よりも相手（他人）を優先するいい人」ということになります。

もちろん、「そうか、私はいい人だったのか！」と喜んではいけません。あくまで、これは表面的な評価ですから。

本質は、まわりの目を気にして嫌われたり、敵をつくったりしないように、また攻撃されないように、「いい人でいようという意識が強い人」「敏感すぎる人」なだけです。相手からしたら「自分にとって都合のいい人」と軽んじられる対象です。

†不義理、非人情になれ

「いい人」になってしまうと、自分らしさ、つまり自分の個性が殺されてしまいます。

「最近は便秘気味だから野菜中心の料理を食べたいな」と思っていても、友達が「やっぱ焼肉だよね！」と言い出したら、「いい人」であるあなたはそれに同意してしまいます。しかも笑顔で。

そこでは、身体に気をつかっている自分を押し殺しています。

もちろん自分を喪失している状態ですから楽しくありません。メリットといえば、せいぜい嫌われないで1日過ごせてホッとするだけです。

お伝えしたいのは、「いい人をやめる」というのは幸せになる、人間関係に疲れないための近道です。

私はより意図を汲み取っていただきたいがゆえに、強い言葉でこんな提案をします。

「鬼畜生になりましょう」

「不義理、非人情で生きましょう」

その言葉をきれいに言い換えれば、

「私は私、他人は他人」です。

†あなたは幽体離脱をしているかも

「相手のことを思って○○してあげたが、それで本当に喜んでもらえるか不安だ。なぜなら、もし喜んでもらえなかったら嫌われてしまうかもしれないからだ」

「どうやら喜んでくれたらしい。良かった。ホッとする。これでひとまず嫌われずにすむ」

「でも、本当に喜んでくれているのだろうか？　態度が怪しく見えてくる。表向き喜んでくれているけれど、内心はそうではないのかもしれない。どうしよう、もしそうだとしたら嫌われてしまうかもしれない」

そして、これが強くなっていくと常に自分よりも相手、という意識が根づいてしまいます。

その結果「自分」がいなくなります。「自分」よりも「相手」を優先するあまり、自分がいなくなってしまうのです。

その状態を「幽体離脱」と私は呼んでいます。魂が自分を抜け出して、相手のほうに行ってしまった状態です。

こうなると何かしていても自分がいないわけですから、自分がどんな状態なのかなんてまったく気が向かなくなります。

「すっごく疲れていたとしても、それを無視して仕事をしてしまうので、終わった後にどっと疲れがくる。家に帰ると寝るだけ。週末も起きられない」

「パーティがすごく苦手。いろんな人がいるので終わった後はどっと疲れてしまう。そして、自分が誰と会って、何を話したか、あまり覚えていない」

「一緒にいて楽しいはずなのに、相手の表情や態度がいつも気になってだんだん一緒にいるのがしんどくなってしまう。会いたいはずなのに、早く1人になりたいと考えてしまう」

人といるときは幽体離脱して相手の意識に注目しています。そのとき、自分が疲れていようが、元気であろうが、しんどかろうが無視されます。

そして、その人と離れたとき、離脱していた魂が自分に戻ってきます。すると、幽体離脱していた間に感じていた感情がどっと戻ってきます。だからすごく疲れてしまうのです。

幽体離脱をしてしまうのは、相手との距離感がうまくはかれていないことが原因です。自分の感情を押し殺してでも、無理に相手に合わせる必要はありません。もちろん、頑なに自分の意見を押し通すべきではありません。譲歩できる部分と絶対に譲れない部分の境界線を引き、それを相手によって使い分けるべきなのです。

ところがこの線を引けず、いつも人間関係に疲れている人は驚くほど多くいます。

1-2 コミュニケーションスキルの無駄づかいをしていませんか？

✝あなたをコミュ障にする「正解主義」

「いい人」は自分を殺しながらコミュニケーションを続ける――。そんなしんどい状況にある人がつい向かってしまうものがあります。

それはコミュニケーションの「正解」、つまりコミュニケーションスキルです。

私たちは試験勉強などによって、少なからず「正解を求める」癖がついてしまっています。事実、私のもとには正解を求める質問がたくさん寄せられます。

「こういうときはどう答えたらいいんでしょうか？」

「あのとき、こういうふうに言ったんですけど、間違ってましたか？」

「正解主義」と呼ばれるのですが、人は目の前に問題が立ちはだかると、「正解は１つである」という意識を持ちやすくなるのです。

†プライベートで会話ができない

以前、ある女性がご相談にいらっしゃいました。

ピシッとスーツを着て、いかにも仕事ができそうで、きっと異性や同性にとって憧れの存在なんだろうなあ、なんて印象の方でした。事実、英語も操れるし、話も上手で、自分の状況を的確に、そしてわかりやすく表現してくださる聡明な方でした。

ところが、ご相談というのが「人とのコミュニケーションがうまくできない」でした。思わず「え？　あなたが？」と聞き直してしまいました。

お仕事では何百人という人の前で自社製品をプレゼンしたり、取引先に営業さんと同行して新製品のアピールをしたり、そのために海外まで出向いたりして、社内でも「成功してる女性」です。

そんな方がなぜ？　と思ってしまいました。

よくよく話をうかがってみると、「仕事では全然困らないのだけれど、プライベートになると何を話していいのかわからなくなってしまう」とのこと。

仕事では「何を話すべきか」は明確に提示されています。商品の機能や仕組み、そして、その商品を使うことによるメリット、価格やサービスについて。そして、そのプレゼンの方法もビジネスセミナーやコンサルティングサービスを通じて学ぶことができます。

しかし、そうしたスキルはビジネスにおいては有効でも、プライベートなシーンでは必ずしも役立つとは限りません。

「プライベートでは『これ！』という方法ってないですものね。その場の雰囲気や空気を読んでアドリブで会話するんですものね」と伝えると、「あ、ああ、そうですよね」と彼女。

「つまりは、会話のキャッチボールが苦手ということでしょうか？　質疑応答ではなく……」

「は、はい。そうなんです。何をどう話したらいいのかわからなくなっちゃうんです」

そのときの彼女の態度は、最初に自分の状況を説明してくださったときとは打って変わって別人のようでした。質問に対して一生懸命考えて、どう答えようか思案してから返してくれるのです。

†時には下ネタも「正解」になる

私はコミュニケーションの正解は無限にあると思っています。また、一般的にはNGですが、ある条件のもとでは大正解とか、さっきまでは正解だった答えが今は大間違いということもあるのです。

たとえば、女性の皆さんなら次のような体験をされたことがあるんじゃないでしょうか?

彼とのデートの前に髪を切り、イメチェンして待ち合わせ場所に向かいました。けれど、彼は全然気づいてくれません。だんだんイライラしてきて「なんか変わったところない?　気づかないの?」と言ってからようやく「あっ!　もしかして髪切った?　なんかすっきりしてかわいいね」と彼が気づいたとします。

このとき、あなたは素直に「ありがとう!　そうなの!　かわいいでしょ!」と言えますか?

彼は一応、正解を出しているんですよね。でも、タイミングが遅かったので不正解です（そもそも彼女が髪を切ったことに気づける男は美容師以外存在しない、という説もありますので、女性の皆さん、あまり期待しないでくださいね）。

私はよくセミナーで「客イジリ」をすることがあります。

それは何度もお会いしている常連様に限るのはもちろんですが、「あれ？　こんな天気のいい日にセミナーに来てるの？　あ、そうか、日の当たる時間に彼とは会えないんだもんね（笑）」なんてことを言ったりします。

すると彼女は「えー、ひどい！　彼、ドラキュラとかじゃないですからね！　このあと会うんですよ！」なんて笑って返してくれたりするんです。

でも、そんな失礼なことを信頼関係がないのに言ってしまったら、バカにしてるだの、嫌味だの、意地悪してるだの、傷ついただの、いろんなことを言われてしまうはずです。

つまりコミュニケーションはケースバイケース。失礼な話やセクハラなテーマも時と場合、相手によってＯＫになったりします。

しかし、いえ、だからこそ、と言うべきかもしれません。

「この場合の正解は?」「相手は自分をどう思っている?」などと、「正解」を求めてしまうのが人間の性。やはりコミュニケーションは難しいものです。

†テクニックはほどほどに

コミュニケーションのテクニックは巷に溢れています。

中には「こういうときはこうしろ」的なマニュアルもあります。

間違えたくない、失敗したくない、利益を得たい、思いどおりにしたい……、そんな思いがマニュアルに走らせるのでしょう。もちろん、中には本当に役立つケースもあるのですが、そうしたスキルは「1つの基準」に過ぎません。

冒頭の仕事ができる女性の話に戻りましょう。

彼女が身につけたプレゼンの手法というのはいわば、攻守がはっきりしている野球みたいなもの。攻める側と守る側がきちんと区別されてるわけです。まずは一方的に自分の話をし、相手はそれを聞いてくれるという状況にあります。その後、先方から質疑や意見があって、それに応えていくわけです。

そこでは、いかに自分の意見を自分たちに利があるように伝えていくかがポイントになります。

つまり、相手ピッチャーの投げるボールをいかに打ち返すか、そしていかにランナーを進めてホームに返すか、ということを攻撃時では考えればいいのです。

ところが、プライベートのやり取りというのは攻守が目まぐるしく入れ替わるサッカーみたいなもの。攻めていたと思ったら何かのはずみですぐに守りに転じるわけです。「先日の買い物で得た戦利品」について話していたと思ったら、ある瞬間には「会社の気になる後輩」について話題が変わっていますし、次にどんな話が出てくるかは誰にも予測できません。

野球の技術は野球では通用しますが、サッカーで使おうと思えばおかしなことになってしまいます。同様に、スキルにこだわってしまうと、仕事をするときは役立つけど、プライベートでは話をしても面白くない人になってしまうのですね。

たとえある種のスキルを身につけ、成功したとしても、それに執着しないでください。ビジネスシーンで身につけたスキルをプライベートでも使おうとしたら、人間関係が疎遠になってしまう場合も考えられます。

また、もともと自分に自信がない人の言葉は、それがどんな前向きな言葉であろうと、やはり相手には自信なさげに伝わるものです。

正解やスキルを学ぶ前に、まずは自分に自信を持たせることを優先すべきということは、ご理解いただけるはずです。

スキルはあくまで数ある模範解答の1つ。汎用性（はんようせい）の低いテンプレートくらいに思っておくのがコミュニケーションの悩みを深くしないためには大切です。

1-3 言葉だけでコミュニケーションしていると思ったら大間違い

† 言葉は意外と伝わらない

前節でコミュニケーションスキルに頼ることのリスクについて解説しましたが、そもそも「言葉」に頼ることが相手の気持ちを読むうえでリスクとなることも覚えておきたいものです。

人は言葉だけで会話をしているわけではありません。

メラビアンの法則をご存じでしょうか？　コミュニケーションに与える影響の割合について、3つの要素を次ページのグラフのような数字でまとめたものです（メラビアンの法則はアルバート・メラビアンの実験結果を後世の人が恣意的に解釈した俗論と見る向きが多いのですが、少なくとも言葉以外のものがコミュニケーションに多くの影響を与えているということは誰もが納得できるはずです）。

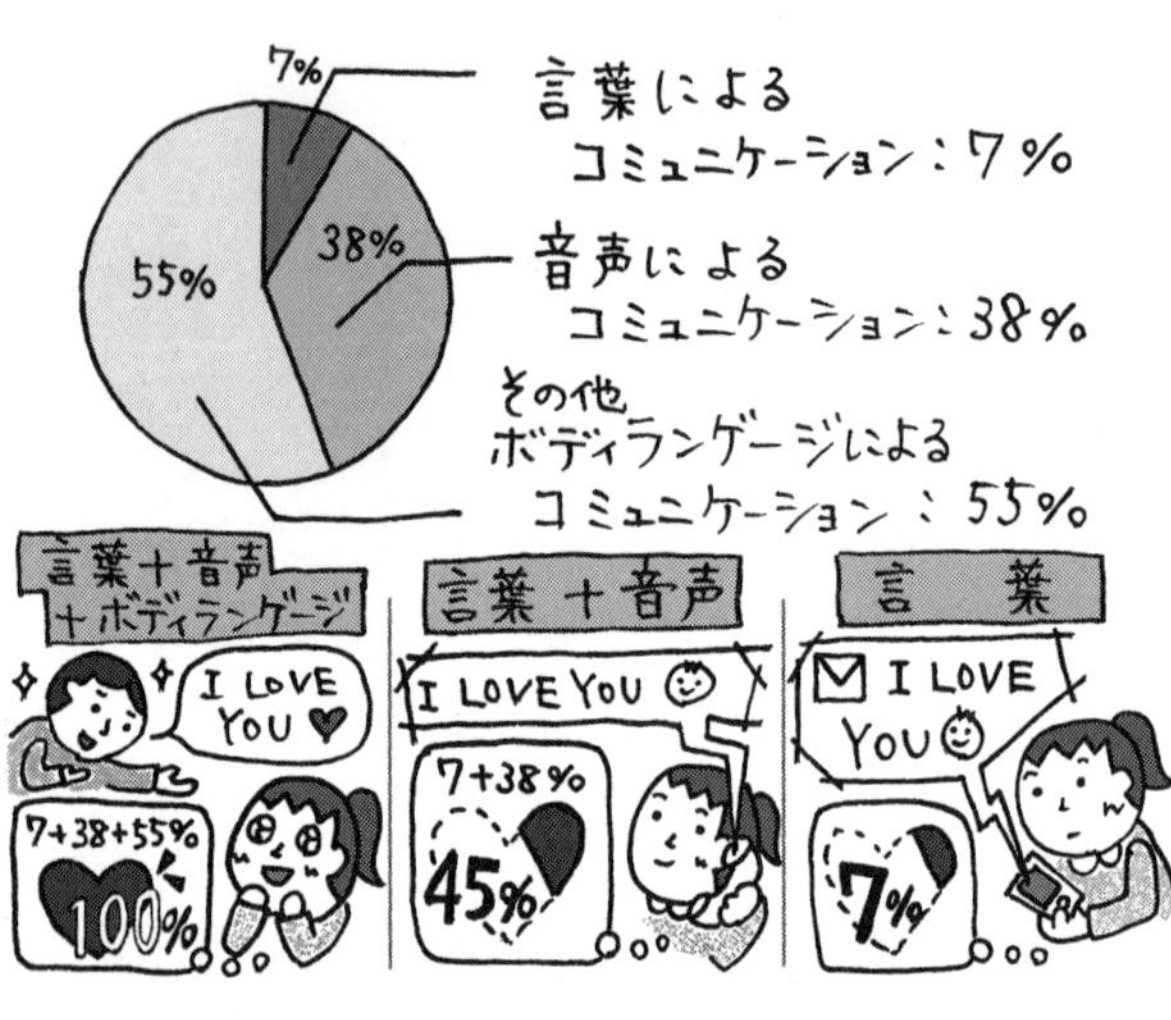

「ボディランゲージ」には身振り手振りのほか、表情、目の動き、雰囲気なども含まれるそうです。ピンとこないかもしれませんが、もう少し日常に落とし込んで整理すると腑に落ちると思います。

- メールで話すと7％しか伝わらない。
- 電話で話すと38＋7で45％伝わる。
- 会って話すと100％伝わる。

というわけです。

皆さんも電車なんかで無表情のまま「めちゃウケるｗｗｗめっちゃ噴いたｗｗｗ」とツイートしたことがありませ

んか。電話で「本当に申し訳ありません！」と言われても、実は相手は足を組んで偉そうな態度をしていないとも限りません。

しかし、実際会っていたらそうした嘘は通用しません。

†目に見えない部分でも人は会話をしている

こんな経験をしたことはありませんか？

ある人の家に遊びに行きました。その人、とても緊張しているみたいで、あいさつも表情もぎこちない。口では、「ゆっくり寛いでくださいね」と言ってくれるのですが、その醸し出す雰囲気から「全然寛げないなあ！」という体験。

逆にこういうこともあるかもしれません。

訪問先の社長室に通されたら、その社長、愛想がなく、ちょっとコワモテ。あちゃー、と思って緊張していると、徐々に居心地がよくなってくる。言葉数は少ないのですが、社長自らコーヒーを淹れ、「このチョコレート、私、好きでね。よかったらどうぞ」とそっと出してくれる。その様子が、とても紳士的で優しい。気がつけばすっかり腰を落ち着けてしまい、何時間も話し込んでしまった。

先ほどの数字を見るまでもなく、私たちは言葉以外のところでの会話を常にしています。

私も、ちょっと気になることがあって落ち込んだままセミナー会場に入ったら、参加者の皆さんからたくさんエネルギーをいただいて元気になった経験が数え切れないくらいあります。

スピリチュアルやオカルトの話を持ち出すまでもなく、表情やしぐさ以外にも、私たちは目に見えない部分でも何かを感じ取っているということは納得してもらえるはずです。

1-4

他人軸から自分軸にならないと適切な距離感を得られない

†バウンダリーとは何か？

人間関係において、人との距離感がわからず、つい入り込み過ぎてしまう、あるいは距離を置きすぎてしまう、というパターンがある方はバウンダリー（心の境界線）がわからない状態かもしれません。

通常、このバウンダリーは幼少期からの、人との関係性の中で培われていきます。

子どもはすごく人との距離が近いんですね。

公園に行けば、遊具の順番を待ってる列が非常に密接しているし、水槽をのぞく子どもたちの密着度も異様に高いです。このように公園では初めて会った子ども同士がすぐに仲良くなって遊びはじめるのですが、その親同士がすぐに仲良くなるかというと、そうとは限らないですよね。

人は思春期で「個」が明確になっていく（アイデンティティが確立されていく）ので、人との距離感がはかれるようになり、バウンダリーが明確になっていくのです。近づきたいけど近づけない、近づいてほしくないけれど近づかれた、といった経験が左右しますし、いわゆる「相性」や「気が合う・合わない」も大きな影響を及ぼします（気が合う、相性がいい、という感覚も「個」が確立されて来るがゆえに意識できるものだと思います）。

また、思春期において異性に対する意識が強いほど、その時期は緊張から話す際に距離を取りがちになりますが、その間合いが、大人になってもそのままであることが少なくありません。

† バウンダリーがわからなくなる理由

幼少期から親子関係に問題があったり、小学校時代にいじめにあったり、転校を繰り返していたり、大切な人を失う経験をしたりすると、このバウンダリーがわからなくなることが少なくありません。

たとえば、母親の過保護・過干渉や暴言・暴力に苦しんだ人の場合。バウンダリーをどれくらいきちんと設定しようが、お母さんがそこを強行突破して入り込んできたら、内なる世界をあれこれと破壊されたり、指示されたり、コントロールされてしまいます。それが当たり前になってしまうと母子癒着状態となり、「自分」を持つことが難しくなります（アイデンティティの喪失）。

そして、それくらい近い距離ではバウンダリーは曖昧になり（というよりも存在しなくなり）、相手と自分との心理的区別がつかなくなります（これが癒着の状態です）。

それを他人に投影していくので、人との距離感がうまくつかめず、不用意に入り込み過ぎる（または極端に距離を取る、突然関係性を切ってしまう）状態をつくります。

また、転校を繰り返していたり、大切な人を突然失う経験を持つと、逆にバウンダリーが強固になり、人をハートの中に入れにくくなります。

幼少期のハートブレイクがきつくて、人との親密な関係を築きにくくなるのです（大人になってからのハートブレイク体験でも生まれることがあります）。

対外的には人当たりが良く、親しみやすい人なのに、ぐっと距離が近づくとつい冷たくして距離を置いてしまう……そんなパターンを持ちやすいのです。

あるいは、実際の自分の性格と外からのイメージに差がある場合にも、距離のとり方に悩みます。たとえば本来は神経質でも、外から見ると朗らかそうな人などは、外側からの距離の近さにストレスを感じやすいものです。

典型的な例を紹介しましたが、誰もが少なからずこうした経験を持つものなのです。

逆に、「この人とは、距離の取り方が難しいな」と感じる人と出会ったことはありませんか？　その人はあなた以上にバウンダリーの問題を抱えているのかもしれません。

カウンセリングやグループセラピーでは、こうした事例を数多く扱います。1日に少なくても1回はこのテーマに触れると言ってもいいくらいですね。

職場の人間関係、友人や恋愛、夫婦、家族の関係性。さまざまなところにバウンダリーの問題は現れます。

†自分軸と他人軸

疲れない人間関係をつくるには、まずは相手との間に明確な線を引かなければならないとお伝えしましたが、その線がバウンダリーです。

しかし、「相手との間に自ら壁を築くようなことをしたら孤立しませんか？」「ぼっちになったりしませんか？」「偉そうなやつと思われそう」と思うかもしれません。

大丈夫です。自分が自分の味方だから。

「私は私、他人は他人」という意識でいると、きちんと自分の足で立つことができます。それを「自分軸」と呼びます。自分軸に対して相手を気にしてしまう状態を「他人軸」と呼びます。先ほどの幽体離脱している人は典型的な他人軸にいる人です。

自分軸でいると、自分と相手の間に線が引きやすくなります。相手より自分のほうを大切にしている状態なので、譲れるもの、譲れないものの境界がはっきりと見えるからです。

仮に相手が要求に応えない自分に対して不満をぶつけてきたとしても、自分軸にいる人は自分の大切なものを守ったことのほうに価値を感じます。

他人軸にいるときだったら深く傷ついていたような何気ない相手の一言も、自分軸にいれば、「へえ、あなたはそういうふうに思ってるんだ。でも、それは仕方ないことだから。はい、終わり」とスルーすることもできます。

だから、自分軸になればなるほど心が疲れないのです。

† 本当の安心感は自分軸でしか得られない

そもそも安心感は人からもらうものと勘違いしていませんか。優しい人、自分を受け入れてくれる人がいるから安心する、と。しかし、それは半分勘違いです。日本より治安の悪い国に旅行に行ったら、基本的には自分の身は自分で守らなければいけません。ニートでも、いつかは両親の庇護のもとから離れなければなりません。

相手からもらう安心感は他人軸のものです。相手の気分、こちらの気分のちょっとした動きで安心が不安に変化することがあります。その安心感も、いつか相手は自分から離れていくかもしれないという恐怖と表裏一体の偽りのものです。

本当の安心感は自分軸でいるときにのみ得られるものです。

「私は私、他人は他人」という意識を持てるようになった方は人間関係がグッと楽になったとみんなおっしゃいます。

自分軸にいるとき
他人軸
自分軸
他人に
振り回されない!
自分軸にいるときは他人に振り回されない。

自分軸を離れたとき
私の許容範囲
超えてる!!
自分軸を離れると相手の渦に巻き込まれる。

以上のように、口で言うのは簡単なのですが、実際に自分軸に立つには、これまでずっと他人軸で生きてきた人にとっては容易ではないでしょう。

この自分軸と他人軸は本書の大きなテーマです。

第3章で、自分軸を確立するための具体的な方法をお伝えしますが、ここでは他者との適切な距離を保つには他人軸から自分軸に移動しなければならないということをまずは頭に入れておいてください。

第2章

他人軸にいる人が幸せになれない理由

2-1

他人軸で生きている人の3つのパターン

†「いい人」の仮面をはぎ取るために

第1章で解説したとおり、自分軸ではなく他人軸にいる人、場合によっては「いい人」ともいえますが、彼らはみな人間関係に疲れています。

いくら「いい人」でいたとしても、仕事をしていれば、一緒に生活していれば、生きていれば、必ず問題やミスコミュニケーションが発生します。

そのとき、他人軸にいる人は自分を責めつづけ、ストレスはどんどん溜まっていきます。

したがって本章では、その「いい人」の仮面をはぎ取るために、他人軸にいる人の癖を明らかにしていきます。

他人軸にいる人は主に次の3パターンに分類できます。

- ＮＯが言えない気をつかう人
- ＹＥＳが言えない自分がない人
- ＹＥＳもＮＯもわからない流される人

あなたはどのタイプですか？

もしかしたら、時と場合によってはそれぞれをカメレオンのように演じているかもしれません。

†ＮＯが言えない気をつかう人：他人軸で生きる人①

いい人は気をつかいます。そして相手から拒否されることをとても恐れます。だから自分も人からの言葉に「ＮＯ」が言えなくなります。

「『ＮＯ』と言って嫌われたらどうしよう」「相手の気分を害したらどうしよう」「怒られたらどうしよう」と考え、「イエスマン」になってしまいます。

†YESが言えない自分がない人：他人軸で生きる人②

次は自分の意思や考えをはっきりと持てない「YES」が言えない人です。

このタイプは「NO」が言えることは多いんです。違うということはわかるのですが、じゃあ何が違うのかという答えは自分がないからわからないのです。

恋人同士の会話で「自分がない彼女」の例です。

† YESもNOもわからないで流される人：他人軸で生きる人③

さらに、NOもわからなくなっている場合もあって、その場合は常にまわりに流されることになります。

自分でもわからないんだから相手にわかるわけはないですよね？　何が好きなのか、何が欲しいのかがわからないわけですから。

だから、

「私は彼のことが好きなんでしょうか?」

「私はどんな仕事が向いているんでしょうか?」

「私はどんな服が似合うんでしょうか?」

と、何かと「私のこと」を人に教えてほしくなります。

でも、人に「〇〇じゃない？」とか「〇〇だよね」とか言われても「そうなのか」と思うけれども、しっくりこないいんですね。

†なぜ自分軸がなくなるのか？

どうしてこういうケースが生まれてくるのでしょうか？　気をつかう人、自分がない人。いずれもやはり親との関係が大きいんですね。

たとえば、親が感情的なタイプだと、顔色をうかがいながら生活しなければなりません。

親の機嫌で子どもである自分の生活が振り回されることになるわけですから、怒らせないように、変なことを言わないように、戦々恐々とした毎日を送っています。

その癖がついたまま大人になると、誰に対しても「気をつかう人」になるのです。

また、親がとても過干渉なタイプだと、子どもは自分の意見を持つことができません。

「こうしなさい」「ああしなさい」と指示・命令ばかりをされるので、自分の考えや思いを持つことができなくなります。そのパターンを踏襲した結果、「自分がない」という状態をつくります。

さらに、親が感情的で、かつ過干渉なケースもあります。その場合は他人の言いなりになることに安心する「流される人」になる可能性が高くなります。

また、「職場ではＮＯが言えず、プライベートではＹＥＳが言えない」となるなど、いくつもの仮面を使い分ける人もたくさんいます。

そういう方は大変苦しいのではないでしょうか。

2-2

相手に合わせる天才たちの低すぎる心の充実度

†相手に合わせるのは「犠牲」

自分軸がない人は、自ら犠牲になろうとします。

嫌われるのが怖い、ゴタゴタはたくさんだと思っていれば、当然のこと損な役回りを受け入れることになります。

しかも厄介なのは、相手からしたら非常に「いい人」というか「都合のいい人」で、その意味で大切にされることです。

本人はそれを犠牲の見返りと受けとめ、さらに自分軸を失っていく悪循環に陥ります。

次のスズキ君の例を見て、あなたはどんなふうに感じるでしょうか。

スズキ君、いい人ですよね。そして、たぶんとても人気者。みんなに慕われ、頼られます。

でも、このやり取りを読んで、なんとなく悲しい気持ちになった方、いらっしゃいませんか？　そういう気持ちになるようにたくさん例を挙げてみたのです。

†自分を押し殺していませんか？

スズキ君はなんだかんだ人に合わせる天才。インタビューするとこんな答えが返ってきます。

「僕、特にコレ！　ってものがいつもないんですよね。で、人から提案されると、『あっ、いいよな、それ』って思うんです。そして、そんなアイデアを考えつくなんてすごいな！　って尊敬しちゃうくらいで」

「デートも彼女に決めてもらったほうが楽、というかあんまり自信なくて。もちろん、頼まれれば全力で店も探しますけどね」

「もちろん、嫌なときもないわけじゃないですよ。でも、空気を乱すほうがずっと嫌で、自分1人が我慢して丸く収まるならそれでいいかな、と思っちゃうんです。それに僕、そんなに後に引きずらないタイプなんで、嫌な気分も長続きしないんです」

「仕事はおかげさまで忙しいですよ。いろんな仕事を任されて充実しています。もちろん、毎日残業ですけれど、必要とされているというのが本当にうれしいです。疲れもありますけれど、そこは気力でなんとかしてますね」

再び、スズキ君の話を読んで切なくなった方、いらっしゃるはずです。

人に合わせることは悪いことではありません。それが自分の望みであり、自分がしたくてやっていることならば、全然問題ではありません。

でも、「ずっと人に合わせる」というのはしんどいですよね？

スズキ君の言葉にもありますけれど、

「自分1人が我慢して丸く収まるなら」

「疲れても気力でなんとか」

「意見が衝突して揉めることが嫌」

「そうしないと嫌われるから」

「平和主義者で揉め事を避けたいから」

こんな思いでやっているとするならば、それは犠牲です。

†お酒で豹変してしまう人は自己犠牲的に生きてきた？

犠牲というのは「自分はしたくないことだけど、何かを恐れてする行為」のことです。嫌われるのが怖いから相手の言うとおりにするとか、孤立するのが怖いからみんなに合わせる、という行動です。

しかし当然のこと、その犠牲の陰には恐れが隠れていますから、たとえうまくいったとしても「嫌われなくてよかった」とホッとするだけです。

だから、「人に合わせる」という犠牲を繰り返しても、心は一向に満たされないのです。たとえスズキ君のように人気者になったとしても。

この行為は長年繰り返しているとそれが癖になって、犠牲となっている自覚もなくなります。しかし、したくないことをするわけですから心には相当のストレスがかかります。その自覚がないかもしれませんが、感覚がマヒしているだけです。

どんどん溜め込んだストレスは最終的に爆発します。それが自分に向かうのか外に向かうのか。いずれにせよ、自己犠牲は美しい行為ではないと知るべきです。

時にいい人がお酒を飲んだときに悪態をついたりすることがありますが、そういう人はずっと自分を蔑ろにした犠牲的な生き方をしてきた可能性があります。実は無遅刻無欠勤、残業もいとわず、人当たりもいい、損な役回りでも積極的に引き受ける「いい社員」ほど心にどす黒いものを抱えているケースは多いのです。

「私はこんなに我慢しているのに、なんであんたたちばかり楽しているんだ！」

「こんなにがんばっているのに、なぜ評価されないのか？」

そうした感情が、ふとしたきっかけで暴発するのです。

スズキ君に限らず人に合わせることが得意な人、自己犠牲的な人は、どこかで「そうするとうまくいく」という成功体験があるはずです。人に合わせることで孤立しなかったとか、犠牲になることで愛情が得られたとか、我慢することで見返りがあったとか。

それが親に対してだったのかもしれないし、学校でいじめられないための対策だったのかもしれないし、恋愛や友達関係がうまくいく秘訣になったのかもしれません。

それが成功体験であり、かつ習慣化されていればいるほど手放しにくいものです。

2-3

「重い」と言われる人は愛ではなく罪悪感を配っている

† その気づかいが相手を凹ませる

自分軸がない人は、ともすると相手にとって「重く」感じることがあります。それが理由で健全な関係性をつくれないこともあるのです。どういうことでしょうか？

Ａ君は「おもてなし」が大好きな人。

あるとき、ホームパーティを企画して仲間を家に招き、みんなに前夜からつくったスープを振る舞いました。

「このスープ、我ながらうまくできたんだよ。ぜひ、たくさん食べてくれ」

そう言いながらＡ君はみんなに配りました。

みんなは「おいしい！　めっちゃうまい！」と言いながらスープを平らげます。

「お替わりもあるぞー！」

みんなもお腹がいっぱいで大満足。用意したスープは空になりました。

そのとき、A君のお腹がぐ――――と鳴りました。みんなの表情が一変します。

「え？　お前は食ってなかったのか？」

A君は恥ずかしそうにお腹を押さえて言います。

「いやいや、僕はもう昨日つくりながら食べたから大丈夫」

しかし、3回も4回もお代わりした人は申し訳なさそうな顔をしたまま言いました。

「すまん。オレ、あまりにおいしいから3、4回もお代わりしちゃった。あれ、お前の分だったのか」

さて、問題です。A君が配ったのは「愛」だったのでしょうか？　それとも「罪悪感」だったのでしょうか？

† 愛のつもりが罪悪感を与えることに

A君がしたことは素晴らしいことだと思います。実際、スープがおいしくてみんな夢中になっていますしね。でも、ホスト役であるA君だけが食べてないことを知ったみんなは、なんとなく罪の意識を感じてしまいます。

日本ではこういうこと、よくありますよね。お母さんが「私はいいから、あんたたちお食べ」と言うシーン。

カウンセリングでもそんな話を聞くことがあります。

「主人や子どもにはいい服を買うけれど、私は安い服で我慢してるの。だって夫や子どもは外に出て人目に触れるでしょう？　だから恥ずかしい思いはしてほしくなくて。私はいいの。そんなに人前に出たりしないから」

この姿勢は一見、美しいものとしてとらえられます。

しかし、振りまいていたのは「愛」ではなく「罪悪感」ということもあるのです。

男女関係でもよくあるケースです。

「いい人だし、私を愛してくれるんだけど、ちょっと重く感じることがあるんだよね」

そんなことを言われたことがある人は、もしかしたら愛ではなく罪悪感を相手に与えていたのかもしれません。

では A 君はどうすればよかったのでしょう？　私が推奨するのは、「まず、自分の皿になみなみとスープを入れ、そして自分が食べてみて、『やっぱりうめぇ！　オレ、天才。お前らも食えよ！』ってみんなにすすめる」ことです。

このときのＡ君は「まず自分が受け取ること」というリーダーシップをとって一体感をつくり出しているんです。

ホストとお客という関係ではなく、仲間という関係をつくることができたのです。

一方、「私はいいからお前たちは楽しみなさい」という自己犠牲的な考えやアプローチは「私」と「お前たち」の間に自ら進んで壁をつくっています。これを自分軸と他人軸の間の境界線だと勘違いしないように注意してください。

家族でお出かけしたとき、パパと子どもたちはきれいな服を着てるのにママだけが普段着だったら家族写真を撮るのも憚られますよね。常にそうする必要はなくても、「きょうは私のぶんも買っちゃおう！」という日があってもいいのです。家族の一体感をつくるために。

このパターンは「自分さえ我慢すればいい」とか「１人で背負い込む癖」がある人は要注意です。

2-4 「ちょっとドライだね」と言われるくらいがちょうどいい

†自分がしたいことをすべき

さまざまなケースの「自分軸がない人」「他人軸にいる人」を解説してきました。人間関係に疲れているあなたの分身もどこかに出てきたのではないでしょうか。

相手の気持ちを考えすぎたり、まわりの人とうまくやろうという気持ちが強すぎると、自分の本音や思いを抑え込んでしまうようになります。また、「出る杭は打たれる」という諺があるように、あまりに目立ちすぎるとまわりから攻撃、嫉妬されることがあるため、自分を隠してしまうこともよくあります。

そういう方のお話をうかがっていると、とても優しくて相手の気持ちをよく考えられる人なのですが、そうした長所が諸刃（もろは）の剣となっているのかなあ、と感じることがあるのです。

もともと持っている才能や魅力も、遠慮して出さないようにしていたら宝の持ち腐れになります。とてももったいないですよね。

自分がしたいことをやろうとしたり、自分らしさをもっと表現していこうと思っても、まわりを気にしすぎていてはなかなかうまく進まないでしょう。それは後悔する人生を歩むことになるので、ぜひ、克服しておきたいところなのです。

†自分を優先する人になれ

ドライになるということは、人を切ったり、拒絶したりすることではありません。自己中心的にわがままに振る舞うことでもありません。自分の思いや考えや価値観を優先する、という姿勢だと思ってください。

ある人は将来のために取得したい資格があり、その勉強のために今まで当たり前のようにしていた残業や休日出勤、さらには仕事の後の飲み会などをできる限り断るようにしたそうです。

まわりからは「お前、付き合いが悪くなったなあ」と嫌味を言われたそうですが、自分の夢のためにそこをグッと抑えて目標に邁進したんですね。

その結果、試験は合格、その後彼は独立して自分の事業をはじめるわけですが、当時をこう振り返ります。

「あのとき、冷たいやつと後ろ指をさされても、自分が学びたいことを学んで本当によかったと思います。それに、そこで『断ること』を学べたので、今も仕事で従業員に苦言を呈することができたり、取引先にＮＯと言うことができるようになりました。以前の自分では無理だったと思います」

ビジネスの中では、他人に対して厳しいことを言ったり、時にはリストラをしたり、あるいは取引先とシビアな交渉をする場面が出てきます。成功者たちは自分というものをしっかりと持っているがゆえに、時にドライに映るような態度を取ることになるのです。

自分自身を尊重し、自分がやりたいことをやるためには、まわりに流されるのではなく、少々ドライだと言われても、自分を通すことが大切なのです。

2-5

ウィズ・コロナ時代の人間関係

†コロナは人間関係をどのように変えたのか？

２０２０年に新型コロナウイルスがやってきて日常が一変しました。

「ずっと家に引きこもる生活になったために運動不足から体調を崩した」「恐怖心をあおるマスコミの報道や先の見えない状況に不安を感じる」「今までと仕事のやり方が変わったことで生産性が下がってストレスを感じる」という人は多いでしょう。

そしてコミュニケーションに取り方においても、大きな変化をもたらしました。

人と直接会う機会が減り、人との物理的・心理的距離が以前よりずっと遠くなったのだから当然です。あるいは、自宅にこもることによって、家族間の物理的距離が急激に縮まったことも大きな原因でしょう。

私たちはコロナによって、新たな人間関係の構築に迫られました。私の元に寄せられる相談もコロナ禍に入って変化しています。

人間関係がより苦しくなったという人もいれば、反対に楽になったという人もいるのです。

†人間関係が苦しくなった人の軸足とは？

より人間関係が苦しくなったという人からは次のような相談を受けました。

- 孤独感や寂しさを強く感じるようになってアルコールや甘いものに頼るようになった。
- 仕事において、オンラインでのコミュニケーションが中心になったために、意思疎通がはかりにくくなり、ストレスが増大した。
- 夫婦で過ごす時間が増えて関係が悪化した。
- コロナに対する考え方の違いで、仲が良かった人との間に亀裂が生まれた。

人との距離感が劇的に変わったために、「今までうまくいっていた」はずの関係に「ヒビ」が入ったのです。それまでの自分軸での行動が、他人軸に移行したため、相手やモノに振り回された状態です。

私たちは今、この距離の大きな変化に対応して軸足を改めて設定し、自分軸に戻ることが求められているのです。

† 人間関係が楽になった人の軸足とは？

しかし、悪いことばかりではありません。

見ようによってはより自分らしい人間関係を築くチャンスが訪れているともいえます。

- 自分らしい人間関係を築くことができるようになった。
- 人との物理的な距離が空いたことで、自分のペースで行動できるようになった。
- イヤイヤ出席していた会議や飲み会がなくなって気が楽になったり、苦手な同僚と顔を合わさなく済むようになった。

●家族と過ごす時間が増えてその絆が深まった。

このように、以前よりも人間関係が楽になったと感じている方にもよくお会いするのです。

もし、そのように感じるのであれば、あなたはコロナ禍をきっかけに、以前よりもずっと自分軸で行動できるようになってきている証拠です。

しかし、コロナが終息して、以前のような社会生活に戻ったときに、再び他人軸にブレたら意味がありません。今のうちに確固とした自分軸を確立させなければなりません。

いずれにせよ、新しいライフスタイルによって人との物理的・心理的距離が変化した結果、私たちは自分軸にいることを、以前にも増して求められるようになっています。

今までだったら職場でわからないことがあればすぐに人に頼っていた人も、オンライン中心の生活では自分で考えて何とかしなければならない場面も増えているでしょう。

何かと部下の仕事に口出しをしていた心配性の上司は、「部下を信頼する」という自分軸での行動を意識せざるをえないでしょう。

私もカウンセリングの中で、人に直接会う機会が減ったぶん、「自分にとって誰が大切で、誰と距離を置いたほうがいいのか？」という人間関係の断捨離(だんしゃり)をすすめることがあります。

「長い付き合いだから」という理由で付き合っていた関係も自分軸で考えると距離を置くことを選択できるようになります。

したがって、新たなライフスタイルでの人間関係に戸惑いやストレスを感じている人は、ぜひ次の章で自分軸を確立する方法を学び、今の人間関係改善に役立ててください。

第3章

他人に振り回されないための自分軸のつくり方

3-1

「相互依存」を目指して自分の意見を通せる自分に

†選択肢を増やすと心が軽くなる

前章で自分軸がなく、他人軸で生きている人が抱えるストレスとコミュニケーションの弊害について解説しました。「いい人」はやめて、自分軸で生きたいと強く思っていただけたなら成功です。

では、本章ではいよいよ自分軸のつくり方を説明しましょう。

他人軸から自分軸に移ると、あなたは「人に合わせる」と「自分の意見を通す」をケースバイケースで選択できるようになります。

「人に合わせる」というスキルは十分すぎるほど積んできているので、いつでも利用可能です。問題だったのは、それ以外の選択肢がなかったことなのです。しかし、「自分の意見を通す（人に合わせない）」という新しい選択肢が生まれると、それだけで驚くほ

依存状態のイメージ

ど心は軽くなるものです。

ただし、そのバランスが難しいところ。どのくらい人に合わせて、どのくらい自分の意見を通せばいいのか。

まずはコミュニケーションの基本的な3モデル「依存」「自立」「相互依存」を見て考えてみましょう。

†完全なる他人軸　依存状態

1つ目は「依存」です。

依存とは「誰かになんとかしてもらいたい。自分は何もできない」という態度です。

要は他人軸にいる状態ですね。

物事がうまくいくかどうかがすべて他人にか

かってきます。他人に寄りかかっているから安心かというとむしろ逆で、相手に見捨てられやしないかという不安や恐れもあります。

誰かに援助を求めるというよりも、自分の身代わりになってもらうことを願います。何もできない自分の代わりに全部それを背負ってほしい、というマインドなのです。

では、その反対にある「自立」はどうでしょうか？

†自分軸にいるようで他人軸にいる　自立

「自立」という字面だけを見ると、両足が自分軸にあるような印象を受けるでしょうが、これも他人軸にいる状態だと理解しておいてください。

依存状態にあったときの傷ついた苦い経験を繰り返さないために、あえて1人でがんばろうとする状態が自立です。背景に「もう誰にも頼らない！」という意思があります。しかし、何でも1人でやろうとして背負い込み、しんどくなってしまいます。これは依存とはベクトルの向きは違いますが、「他人には頼ってはいけない」と他人を強く意識した他人軸の状態です。

完全な自立は、極端になると人に頼むことを屈辱に感じます。そして、他人との競争状態をつくり、勝ち負けや正誤にとらわれていて、やはり心は不安や恐れに苛まれてしまいます。

これらは他人との線引きがきちんとできていない（相手に振り回されている状態）といえるのでやはり他人軸なのです。

他人との闘いに明け暮れていれば、いずれは燃え尽きてしまいます。

やはり自分でできることは自分で、できないことは他人に頼る、というバランスが大切なのです。

相互依存のイメージ

†人間関係の理想型　相互依存

自分軸を確立したうえで、相手と良好なコミュニケーションがとれた状態を心理学で「相互依存」と言います。

人は1人では生きていけません。誰かのサポートがあったほうが生物としての生存戦略のうえでも有利です。また、何かを成し遂げたとしても、喜びを分かち合う仲間がいるのといないのとでは、その価値は大きく変わるものです。

私はセミナーなどでも「助けを求めましょう」「1人でがんばらなくていいから誰かをアテにしましょう」「信頼できる人に委ねましょう」なんて話をガンガンしています。

「自分でできることは自分でするけれど、自分にできないところは人に頼む」という考え方です。

そして、そのベースになるのが自分軸です。

†大人は1人を楽しめる

なかなか自分軸に立てない人が多いことの証左の1つだと思うのですが、一時期「ぼっち飯」「便所飯」という言葉が流行りました。

「ぼっち飯」というのは、学食など、まわりがいくつものグループで楽しそうに食事をしている中、1人で食べている人に対して揶揄する言葉です。「便所飯」というのは、そのように揶揄されている気がしていたたまれない気持ちになり、トイレに隠れて1人で食事をすることです。

これは、心が完全に依存状態（他人軸）を求めながらも、現実には依存できない人が陥るあまりにも惨めな状態です。

一方で同じ学生でも、いっさいまわりを気にすることなく1人で食事を楽しむことができる人もいます。食後のコーヒーをゆったりと飲みながら、午後の講義に備えます。

そのような人は、まわりから「友達がいないかわいそうなやつ」ではなく、むしろ「大人の雰囲気をまとった人」に見られるから不思議なものです。

事実、「大人」になると、1人の世界、自分を見つめ直す時間が欲しくなるものです。逆に言えば「1人の世界を楽しめる」のは「大人」の証拠です。こうした人から見れば、1人で食事をしている人を見て「ぼっち飯」などと揶揄する人たちはガキです。

† 1人居酒屋という練習

ところで、あなたは1人で居酒屋やバーに入って楽しむことはできるでしょうか？

私は相互依存の状態をつくる練習のため、しばしば「1人で居酒屋やバーに行ってみてください」と提案をしています。

1人で居酒屋に行って楽しめるかどうかは、自分軸に立ち、かつ相互依存状態をつくれているかをはかる1つの指標となります。

人目が気になる人は楽しめませんよね。自分がどう思われるのか？　という他者目線（すなわち依存状態であり、他人軸の状態）に意識が集中してしまうからです。馴れていいない人はいたたまれなくなるかもしれません。そもそも常連客の中にたった1人で飛び込むのはアウェー感満載です。

しかし馴れてきて、おいしいものをいただきながら、その空間を楽しむ。人の目線を気にせずに、自分の世界に浸る。店のシステムやマナー、そしてマスターやママとのやり取りをこなす。そこで会話が生まれたら、上手にコミュニケーションをとる。料理やお酒のことを質問したりしながら、どんどん新しい世界の扉が開く。そうしたことができるようになると、自信がどんどんついていきます。

居酒屋やバーでは本当の1人ではないですよね。1人で飲んでいてもお店の人やほかのお客さんがいる、集団の中の1人なんです。これは自分の部屋で1人酒をすること、他人をシャットアウトして自立状態にいるのとは次元が異なることです。

集団の中にいながらも、自分自身を保てる状態というのが、自立しながらもまわりと適度な距離感でコミュニケーションがとれる理想の相互依存状態といえるでしょう。

だから居酒屋やバーというのは、そのための練習におすすめなのです。

いきなり居酒屋やバーはハードルが高いということであれば、まずは少し背伸びして入るカフェやレストランはどうでしょう？　また、少し高級なブティックに入るのもいいと思います。

自分軸にいるかどうかが試される場所というのは、1人で行ける場所で、かつそこにいる他人との会話が発生しやすいところです。そこで自分を見失わず、自分のペースで過ごすことで、大人であることに自信が持てるようになるのです。

また、1人居酒屋にはもう1つ利点があります。

たとえば、会社員であれば、会社と自宅のほかにもう1つ、つまりサードプレイスが生まれることの効用です。安らげる居場所が増えること、あるいは逃げ道が増えることは心の負担を軽くしてくれます。

もっとも、この点に関していえば、居酒屋に限らずに趣味などのサークルに求めてもいいでしょう。

3-2

アイ・メッセージで自分を取り戻す　自分軸確立へのレッスン❶

「依存」から「自立」を乗り越えて理想の対人関係である「相互依存」へ。

そのためには自分軸に立つ必要がありますが、本章ではそのための3つのレッスンを解説していきます。

†主語をはっきりさせる

1つ目は「アイ・メッセージ」です。これは「私は」「私が」と意識的に「主語」をつけて会話することです。

「あの人はどう思うかなあ」

「彼の要求は私には応えられないかも」

自分軸に立っていない人は、このように主語が自分ではなく、相手だったりします。

主従関係でいえば、いつも「従」にいるわけですから、簡単に相手に振り回されてしまいます。

また、日本語は主語が省略されることが多いので、無意識的に他人軸に向かってしまうことがあります。日本語は文脈をたどれば主語がなくても会話は成立しますが、責任の所在が不明確になりやすい、というデメリットもあります。

したがって、普段から「私は」「僕は」と主語をつけることを意識することが大切です。

たとえば、先輩から「今日飲み行くか?」と誘われたときに、「すいません。今日は行くのやめときます」と断るところを、これからは「すいません。僕は、今日行くのやめときます」と言うようにしてみるのです。

「僕は」とつけるだけですが、言葉の重みが変わっていることがわかりますか?

「午後のプレゼン、なんとか先方の評価を取りつけるようにがんばります!」ではなくて、「午後のプレゼン、なんとか先方の評価を取りつけるように、私、がんばります!」と言ってみてください。

†独り言でも主語をつける

会話だけではなく、独り言や心の中でのつぶやきでも意識してください。「今日は新鮮なお魚が食べたいなあ」ではなく、「私、今日は新鮮なお魚が食べたいなあ」と言ってみるのです。

「会いたいなあ」ではなくて、「私が会いたいなあ」です。「どうしていいのかわかんない」ではなくて、「私がどうしていいのかわかんない」ですね。

「主語」という意識をはっきり持つことによって、喪失していた自分を取り戻せるようになり、相手との間に境界線が引きやすくなります。

普段からそこを曖昧(あいまい)にしてきた人、「察してほしいなあ」とか「はっきりものを言うのは苦手だなあ」と思っている人ほどきつく感じているでしょう(それだけ自分を喪失しているのかも?:)。

逆に外国語圏で生活していた人にとってはさほど困難を感じないと思います。

りますから、

†自分の意思確認をする癖をつける

自分を喪失している人はそもそも自分が何をしたいのかさえわかっていない場合があります。

そこでアイ・メッセージの「自分は」「私は」「僕は」という主語を意識して、自分に希望、願望、意図を聞いてみるのです。

「私は今日、何をしたいのか？」
「私は今、何を飲みたい（食べたい）のか？」
「私は今週末、どこに行きたいのか？」

こうした自分の気持ちを常に確認する癖をつけたいものです。「そんなことくらい、いつも考えているよ」と呆れる人もいるかもしれませんが、考えているようで考えていない人、ちょっとしたことでも考えることが面倒くさいという人は驚くほど大勢いるのです。

兵庫県のあるサービスエリアでは、期間限定で、ガチャガチャを500円で回して出た食券入りカプセルで、食べる料理が決まる「ガチャめし」を導入したそうです。中には500円以上相当の「当たり」が入っているのでギャンブル的な面白さもあるのでしょうが、「昼食なんて何でもいい」「注文を考える時間が無駄」と感じていた人たちにとても好評だったそうです。

そんなふうに「流されやすい」と感じている人、友人とレストランや居酒屋に行ったときにメニューを一通り見て、結局「どれでもいいよ」「じゃあ、同じもので」という人にとってはとても重要なレッスンです。

とはいえ、このレッスンをはじめたころは、「今日のお昼、私は何を食べたい？」と自問自答してみても「………」となることが多くなるはずです。慣れていないですからね。

しかし欲求や感情が消滅することはありません。麻痺(まひ)してしまってそれがわからなくなっているだけです。

人によって差はありますが、数日から数週間で「今日のお昼、私は何を食べたい？」の答えは出てくるものです。小さいことのように思われるかもしれませんが、それは自分軸に向かう大きな一歩です。

3-3 指差し確認術で意思を明確に

自分軸確立へのレッスン❷

† 車掌や運転士になりきって

「指差し確認術」と私が呼んでいる方法もおすすめです。

自分が何か行動を起こすときに車掌さんのように指をさして自分の意思を確認するのです。

コンビニに入って飲み物のコーナーに来たら「紅茶を飲みたいぞ！」と紅茶をあえて指差しして確認してからレジに持っていきます。社食があるなら「よし、今日はＡ定食！」と指さし確認してから食券を買いましょう。ネットを見るとき、テレビを見るとき、これも意識的に「今から○○さんの出てる番組を見る」と意識してからチャンネルを合わせましょう。

人目に触れるのが恥ずかしい人は、心の中でやってみてもＯＫです。自宅にいるときはぜひ車掌さんや運転士さんになり切って「お醤油よーし！　マヨネーズ準備完了！」とやってみてください。

これもけっこう疲れます。そして、意識しないとやるのを忘れてしまいます。しかし、少しでもやってみるとわかりますが、私たちが普段どれくらい自分の意図、意思を意識せずに惰性で、なんとなく行動しているかを思い知らされます。

やってみると最初はほんとうに戸惑うと思います。

何が欲しいのかわからなくて「何でもいいや」と流されやすくなりますし、さっきは「紅茶が飲みたい」と思ったはずなのに「本当に紅茶なのか？」と疑いが出てくることもあります。すると、その指差し確認で自分の意思を確認することがどんどん面倒くさくなってきます。

自分軸を確立するのはそれくらい難しいんですね。だったらまわりに流されたほうが楽、となってしまうわけですが、それではいつもまわりに振り回されて不安な状態から抜け出せません。

3-4

今を意識することで時間に流されない

自分軸確立へのレッスン❸

†自分と対話することで時間に流されない

「まわりに流されやすい」とか「自分がない」人は、当然のこと「時間」にも流されています。夜、寝る前になって「あれ？ 今日って忙しかったような気がするけれど、何したんだっけ？」となります。

自分のために時間を使い、心が満たされたのであれば充実感は残りますが、他人のために使った時間はしょせんは他人のもの。それだけで1日が終わるのは、あまりにも悲しいと思いませんか？

ですから、「今」を意識してください。過去は過ぎ去っていてどうにもならないし、未来はまだ起きていないので何が起こるかわかりません。「今」にしか私たちは生きられないのです。

したがって、次のように「自分との対話」をすることを意識してみてください。

「私は、今、どうしたいのだ？」

「最近、多忙だからちょっと休憩が取りたい」

「よし、じゃあこの書類に区切りをつけたら喫茶室に行ってコーヒーを飲んで一休みしよう」

「了解！」

自分と対話できる、ということは、客観視できている自分がいるということです。これにより「自意識過剰」な状態を抜け出せます。つまり、自分をしっかり持つことができるというわけです。

†今を忘れないために

「今を生きる」というお題目は自己啓発、心理学、精神世界ではよく目にする言葉ですが、これを実践しようとしても忙しい日常の中ではつい忘れがちになります。

先日、以前私が使っていたノートパソコンに入っているデータが必要になったので久々に開けてみたら、モニタの下に「今、何がしたい?」というメモが貼りつけられていました。常に「今」を意識するレッスンとしてそれを貼りつけていたんです。

ここまで紹介したレッスン1〜3は、どれも大事なこととわかっていてもなかなか継続できません。だから、継続しやすい自分なりのやり方を試行錯誤しながら開発してみてください。

ある人は朝、仕事をはじめる際に必ずチェックする「TO DOリスト」のトップに「今を生きているか?」というメッセージを書くようにして、その言葉を目にする癖をつけました。

また、ある主婦は冷蔵庫の扉に「今を大切にする。私がしたいことは何?」というメッセージを貼りつけています。

毎日寝る前にヨガをする方は、ヨガマットに、養生テープにメッセージを書いて貼りつけるようにしました。

そんなふうにパソコンのモニタのほか、スマホの待ち受け画面、デスクやテーブルの上、キッチンの壁など常に目にするところにその言葉を貼っておくと忘れずにすむようになります。
そのほかにも財布にメモを入れる、スマホカバーに貼りつけておく、手帳の表紙に書いておく、仕事用のデスクにメモを貼っておくなど、自分がやりやすい方法を確立していきましょう。

「自分」をしっかり持てるようになると、ようやく人との積極的な関わりが可能になってきます。

つまり、自分にできることとできないことの区別ができるようになり、自分ができることは自分がするけれど、できないことは誰かに頼む、という相互依存的な考え方が生まれてきます。

3-5 相手を察するキャッチ力を身につける

†自分軸をつかんだら、相手に意識を向けてみる

自分にもきちんと意識が向けられて、そのうえで相手にも気を配れる（配慮できる）というのが理想的な大人のバランス感覚であるとお伝えしました。

前節までのレッスンを行い、自分軸が確立してきたなと感じたら、次は相手に以下のプロセスで意識を向ける必要があります。

①相手の気持ちを察し、

②相手に与えられることを考え、

③それが自分本位ではなく、相手の意図に沿ったものであることを確認する。

自分軸を確立すると理解できるでしょうが、他人軸にいたときよりも驚くほど相手のことがよく見えるようになります。

- 相手の本音
- 相手の価値観
- 相手が言葉にできていない気持ち
- 相手の行動や考え方の癖

これらを察することができますので、相手の態度に振り回されなくなります。

相手の気持ちを察するレッスンは日常のあちこちで可能です。もちろん、職場での打ち合わせやちょっとした仕事の会話でもいいのです。

「相手は何を言いたいのか？」「相手はどんな気分なのか？」という点を意識的にチェックするだけです。ただ、そのときに自分の気持ちをチェックすることもお忘れなく。ちゃんと自分軸でいられることがベースですからね。

このとき「答え」はわからなくても大丈夫。そういう意識で話を聞いたり、相手を見たりするだけでいいんです。

相手の言いたいことなんて本人しかわからないですし、何より怖いのは「きっとこの人はこれが言いたいに違いない」と自分が思い込んでしまうことです。

† 自己判断の罠

さて、ここで注意したいのが「自己判断」という罠です。答えがわからなくてもいい、とお伝えしたのはこのためです。相手の話はどうしたって「自分なりの聞き方」しかできません。自分フィルターを通して聞いてしまうわけです。

そのときに「これは自己判断じゃないか？　相手の意図をそのままくみ取っているか？」という確認作業が実はとても大切なのです。

特に思い込みが激しい人でなくても、自分で勝手に相手のことを決めつけてしまうことは案外多く、それがすれ違いや誤解や衝突をつくり出してしまうのです。

そこで次のようにコミュニケーションしましょう。

「今のお話って◯◯というふうに解釈できるんですけど、間違ってませんか？」

「そのお話って◯◯って意味で合っていますか？」

この「確認作業」によって相手にも「自分のことを理解してくれようとしている」ということが伝わって、さらにあなたにハートを開いてくれるようになります。

私もセミナーでも質疑応答などのときに「◯◯という意味で合ってますか？」とか「いただいた質問に私、ちゃんと答えてます？」という確認をよくしています。セミナーに参加されたことのある方ならよく耳にされていると思います。

この確認作業は「いえ、違います」と言われることが怖いとできません。だから、人によっては間違えることが怖くて聞けないかもしれません。でも、実はそれも巧妙に心の中に紛れ込んだ他人軸です。相手にどう思われるかが不安とか、嫌われることへの恐れとか。だから、そこでは改めて自分軸に意識を向けてみます。

† 確認作業をするから、相手に与えることができる

この確認作業が相手との信頼関係においてとても大切なことです。間違えても修正す

ればいいのです。何よりも、その確認作業によって相手に信頼や安心を与えることができます。その意義をもう一度確認して、勇気を出してトライしてみてください。

相手の気持ちを察することができるようになると、今度はもう一歩踏み込んで「与える」ことができるようになります。

よく「自分から与えましょう」という話を見かけますが、これは自分軸であることが前提です（他人軸の段階では相手のことを気にしすぎて、本当の意味で与えることはできないのです。その点については、第5章で改めて解説します）。

● それに自分がどんなふうに貢献できるのか？
● その人に自分が今、何をしてあげられるか？
● 何をしたらその人が喜ぶのだろうか？

ということを考えて実践できるのです。

3-6

助け合って生きる人間関係をつくる

† 連帯感を発生させる

自分軸を確立し、相手の気持ちを察することができて、ようやくしなやかな関係、つまり相互依存を構築することが可能になります。自分の足で立ちながらも独りよがりになることではなく、相手を信頼し、与え合う関係です。

たとえば、ある企画のアイデアがあるものの、その実現性についてあなたが困っていたとします。

自分軸が確立すると「自分にできることとできないこと」の線引きができるようになり、そこからまわりを見て「自分ができないことができる人」、すなわち協力者を見つけることができるようになります。

「○○で行きづまっているのですが、その解決にご協力いただけませんでしょうか」

そんな切り口で頼むこと、任せることができるのです。これは自分自身も無理をしていない自然な状態ですし、また、委ねられた相手も自分の能力を発揮できますからウィン・ウィンの関係性になります。

相手も、

「どんなふうに困っているのでしょうか？」

「どんな点で行きづまっているのでしょうか？」

といった質問を投げかけ、あなたの話をきちんと聞いてくれるのです。

†信頼関係は聞くことから

信頼関係を築く基本は「話す」ではなく「聞く」ことなんですね。

人は自分の話を否定することなく聞いてもらえると、「自分を受け入れてくれた」「わかってくれようとしている」と好感を持ち、心を開いてくれるようになります。

どれだけ話が上手で、面白くても、自分を受け入れてもらえていると感じられない相手に信頼を抱くことはないのです。

そして、信頼関係ができたあとに、

「私ならこういうやり方を使うと思います」

「あなたなら、きっと○○という方法が合うんじゃないでしょうか？」

「○○というやり方はいかがですか？」

などの提案をしてくれたり、

「方法は残念ながら浮かびませんが、あなたならきっとできると思います」

「あなたには○○や△△という長所があるのですから、きっと大丈夫ですよ」

と励ましたりすると、ちゃんと相手は話を聞いてくれます。

「それでしたら、私も協力しますが、○○さんが適任かもしれません。話を通しておきましょうか？」

とさらに信頼の輪が広がっていきます。

†相手がNOと言える選択肢を

相手に何かを提案したり、お願いするときは、相手がNOと言える選択肢を与えることがポイントです。

つまり、

- 押しつけ
- 決めつけ
- コントロール
- 指示
- (信頼関係が十分でないときの)苦言
- 否定、ダメ出し

などがなく、相手がNOと言える余地を残してあげるのです。

「解決に協力願えませんでしょうか?」

「私なら○○すると思います」

「あなたなら○○が合うんじゃないでしょうか?」

どれも「ＹＥＳ」を強要することなく、場合によっては「ＮＯ」を選ぶことができます。

しかし、自分軸が確立できていないとＮＯを恐れます。だから、決めつけたりダメ出ししたりして相手をコントロールしたくなります。

また、相手の気持ちや状態を察することができなくても、やはり「これくらいできるでしょう？」「これはやってもらわないと」という思いから押しつけることになり、信頼関係を築くには至りません。

しかし、相互依存状態にある人は相手の反応を受け止め、そして的確に返すことができます。

つまり、キャッチボールが上手にできる人です。相手のボールをちゃんと受け止め、そして相手が取りやすいボールを投げ返すことができるのです。

3-7

自分軸を取り戻すレッスンまとめ

本章では自分軸を取り戻すレッスンを３つ紹介しましたが、他にも有効な手段があります。リストとして以下にまとめましたので、改めて確認し、実践してみてください。

- **アイ・メッセージ**：意識的に「私は」「僕は」「オレは」と主語をつけて話すようにします。心のなかでのつぶやきでも主語をつけるのを忘れずに（↓85ページ）。
- **指さし確認術**：ご飯を食べるとき、飲み物を買うときに「これが欲しい」と、いちいち指をさして確認します。「何でもいい」のではなく「缶コーヒーが飲みたい」という意思をはっきり持つようにします（↓90ページ）。

●**今を意識する**：他人に流される人は時間にも流されます。したがって、毎日目にするようなところに「今、私は何をしたいのか」という貼り紙やメモを付けておくのがおすすめです（↓92ページ）。

●**自分と向き合う時間を意識的につくる**：日記を書く、ブログを書く（未公開でも可）、ツイッターに呟く、などは自分と向き合う習慣をつくるのにちょうどいいと思います。また、瞑想をする、ランニング／ウォーキングをする、料理をする、絵を描く、なども「1人でやる」ことで自分と向き合え、効果的です。

●**ゆっくり食事をとる**：味をきちんと感じましょう。甘い・辛い・うまい・まずいよりもっと深いところ、「何の出汁を使っているのか？」「舌触り、のど越しはどうか」というところまで観察してみてください。

●**映画やドラマ、舞台などを観る**：感情を動かす経験をするこ

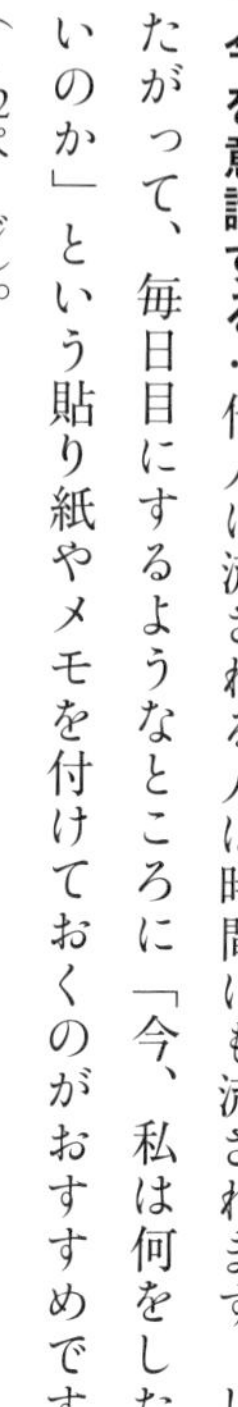

とで、自分の気持ちに意識が向くようになります。映画を見て感動したり、涙を流したりすることで、自分の感覚を取り戻します。

● **親との関係を見つめ直す**：カウンセリングの王道です。自分の子ども時代、両親やきょうだいに対してどんなふうに接していたのかを思い出します。自分史をつくるつもりで書き出してもいいでしょう。思い出せる範囲で大丈夫です。

これらの方法はすぐに効果が出るものではありません。しばらく継続してみてください。

NOもYESも言えるようになると、人生はより彩りを増して見えてきます。少しずつ自分を取り戻していきましょう。

第4章
あなたの人間関係をつくる母親の壁

4-1 人間関係の狂った距離感の正体

†対人関係の基礎は何なのか?

自分軸を取り戻したとしても、その「自分」を形づくったのは何でしょうか? 難しく考える必要はありません。答えはあなたのお母さんです。

すでにあなたのコミュニケーション力はお腹の中から鍛えられています。産婦人科医で作家の池川明先生の講演会に参加した際に、「子宮の中にマイクを仕込んだときの音」を聞かせてもらいました。お母さんの会話やハミングが見事に聞こえるんですね。そして、お腹に話しかけているお父さんの声もちゃんと聞き取れます。

ということは、私たちはお腹の中にいるときからお母さんやお父さんの言葉を聞いているのです。もちろん、赤ちゃんですから言葉の意味はわかりません。しかし、その雰囲気(エネルギー)は伝わります。第1章でお伝えした「言葉や音声以外のコミュニケーションが55%」という数字を覚えていらっしゃいますか。

おぎゃーと生まれてから当分の間、一般的にはあなたの一番そばにいるのはお母さんです。そして、一番近くにいたお母さんから言葉、態度、価値観、考え方などを学んで成長していきます。

その土台の上に、お父さん、兄弟姉妹、おじいちゃん、おばあちゃん、幼稚園、保育園、小学校での人間関係などが乗っかっていくんですね。

ですので、自分軸にいるつもりでも、その性格やコミュニケーションの方法においては、お母さんの影響が色濃く出ているのです。

したがって、このお母さんを上手に手放さなければ、本当の意味で自分軸に立ったことにはなりません。

† 感情的な母親に育てられると無口になる?

仮にあなたのお母さんが「感情的で時にヒステリックになる、よくしゃべるタイプ」ならば、あなたはそのお母さんと付き合うために「クールで思考的なコミュニケーション力」を身につけている可能性が高くなります。

しかし、もしあなたにお姉ちゃんがいて、彼女がお母さんのヒステリーを受け止める防波堤の役割をしてくれていたとするならば（すなわち、お姉ちゃんがクールで思考的だったとするならば）、あなたは逆に「お母さんそっくり」と言われるほどの癇癪持ちになっている可能性もあります。

また、最近では絶滅危惧種とも言われる「とても厳格なお父さん」。仮に食事中は一切しゃべることを禁じられているような家庭で育った場合、言葉のキャッチボールが苦手となり、いつしかまわりから「無口なやつ」と思われるような人になります。

このように、私たちは育った環境によって「コミュニケーションの基本の型」を身につけます。

同じ空手でも流派によって型が違うのに似ています。その型をベースにあなたは世間を渡っていくわけです。

もう少し理解度を深めていただくために、次項ではお母さん、お父さんとの典型的な関係性をまとめてみました。

†母親との典型的な関係性

お母さんとの距離が近すぎると、境界線をうまく引くことができず、お母さんの感情的、思考的影響をもろに受けることになります。そのためなんでも基準がお母さんになってしまい、自己喪失になりがちです（典型的なのは自分の意見がわからないマザコン）。特にこの状態は「癒着」と言われることがあります。

そのお母さんとの距離が基準になるため人に近づきすぎてしまったり、（お母さんにそうしていたように）相手の顔色を窺ったり、相手の感情に振り回されたりするようになります。

また、誰かの意見に同調することが多くなり、自分の意見をはっきり持てなくなります。ただし、人に対しては優しく、「いい人」で、人と仲良くなるのが早い人が多いのが特徴です。

一方、お母さんと距離が離れていた人は、人との距離を空けすぎてしまい、親密な関係をつくることが苦手になります。また、コミュニケーションが苦手で、うまく自分を表現できなかったり、まわりから「あいつは何を考えているのか分からない」と評されるようになります。

さらにお母さんに嫌われているという思い込みも多く、自分は人には愛されない、必要とされない人間だという心理を持つこともあります。ただし、独立心が旺盛で、自分から新しい道に飛び込んで行ったり、新たな境地を開いたりする力を蓄えています。

誤解しないでいただきたいのは、お母さんとの距離が離れていることがイコール突き放されていた、というわけではないことです。愛情の有無にかかわらず、たとえばお母さんが日中に仕事に出ていたり、自分以外の兄弟を見ている時間が長かったりすると、間合いを広く取る人が多いのです。

†父親との典型的な関係性

ちなみに、お父さんは家庭内では「権威」を象徴する立場にあるため、大人になったときに目上の人との関係性によく表れてきます。

理想の距離感

近すぎる距離感

遠すぎる距離感

両親との距離に見る対人関係と性格

	対人関係	典型的な性格
母との距離が近い	相手の感情に ふりまわされやすい 自分の意見が持てない	やさしい
母との距離が 離れている	親密な人間関係を 築きにくい コミュニケーションが苦手	独立心が旺盛
父との距離が近い	愛されキャラになりやすい 権威に流されやすい	自己肯定感が強い
父親との距離が 離れている	上司などの上の立場の 人との関係に悩みやすい	自信が持ちにくく ビクビクしがち

お父さんと距離が遠い人は（突き放された人は）、上司との関係に悩むことが増えたり、社会の中で自信を持ちにくい傾向にあります。特にお父さんがモンスター（暴力的、威圧的、アルコールなどの依存症、働かない等）だった場合、社会の中で生きていく自信を持ちにくい大人に育つことが多く、社会や人に対してびくびくした関係性を築きやすくなります。

一方、お父さんに愛された人は社会に出ても、自分は愛されているというセルフイメージがあるので、組織の中でも可愛がられるキャラになります。とはいえ、その一方で、長いものに巻かれやすくなる、というデメリットもあります。

† 母親との関係を見つめ直す方法とは？

お父さんの影響はもちろんあるのですが、ラーメンは醤油ベースなのか、トンコツなのか、塩なのか、スープで決まると言われるように、あなたの性格やコミュニケーション力、人間関係も、つまり対人距離をはかるためのモノサシは、お母さんによってほとんど決まるというわけです。

お母さんというのは言葉を教えてくれるだけでなく、価値観や考え方、行動パターンなど、人として生きていくうえでの内面的なベース（土台）になる存在です。特に日本では家庭内におけるお母さんの存在感が大きいため、お母さんとの関係が大人になってからの人間関係に大きな影響を与えるのです。

その代表的なものが、第1章でも触れましたが「言葉、コミュニケーション」であり、他人との距離感なのです。

大人になってもざっくり7割くらいはお母さんの影響を受けていると言われます。どれくらいお母さんって偉大な存在かわかります。

だから、人間関係に関する相談になると、幼少期におけるお母さんとの関係を聞くことは避けては通れないわけです。

その影響の善し悪しによらず、お母さんとの関係を見つめ直すことは、人間関係をより豊かにするためのヒントを与えてくれます。特にお母さんへの感情的なしこりがあった場合、それがなくなればなくなるほど、人間関係がこじれないようになるのです。

中でも、お母さんとの関係性が顕著になるのが、恋愛・結婚です。そこで、次節からは相手との理想的な距離をつかむためにも、恋愛・結婚をテーマにお母さんとの関係性を見つめ直していきましょう。

4-2

なかなか結婚ができない人の母親との関係

† 母親との関係が近いとなぜ結婚できない？

「結婚したいけれど、なかなか相手がいない」というご相談を本当に多くいただくのですが、いろいろとお話をうかがっていくうちに、お母さんとの距離が近すぎることが大きな原因である場合と、逆にお母さんとの距離が離れすぎていることが原因であるケースが見受けられます。

お母さんとの距離が近すぎるとどうしてなかなか結婚できないのでしょう？

1つ目の理由は「お母さんと自分との間に恋人が入り込む隙間（すきま）がない」というもの。

たとえば、ある男性はいつもお母さんが身の回りのことを完璧（かんぺき）にしてくれました。その姿はまるで貞淑な妻のような感じで、彼もまた何かとお母さんのことを気にしていたので、お付き合いする人ができても、いざ結婚となると非常に抵抗を感じるようでした。

また、２つ目の理由は「お母さんが望む相手を結婚相手に選ぼうとしてしまう」というもの。
ある女性は友達に男性を紹介されても「この人、私的にはＯＫだけど、お母さんはきっと気に入らないだろうなぁ」と思うことが多く、仮に相手の男性から誘われても、うれしい気持ちがありながらも断ってしまうことが多いのです。
そして、３つ目の理由は「恋人よりもお母さんを優先させてしまう癖ができている」こと。お母さんとの距離が近いある女性は、ようやく好きな人とのデートにこぎつけても、帰宅時間をずっと気にしていました。お母さんがあまり体調がよくないらしく、心配になってついつい早く帰りたくなってしまうのです。

どれも「え？　そんなことしてるつもりはないのに！」と思われるかもしれませんが、無意識にそんな状況をつくり上げているのです。

†母親との関係が遠いとなぜ結婚できない？

逆にお母さんとの距離が遠すぎるとどうして結婚できにくいのでしょう？

お母さんとの心理的な距離は対人関係における人との距離感の土台となります。そのため、心理的にお母さんと距離がある人は、他人と距離を縮めることに抵抗を感じるようになります。そうすると、恋人になることはできても、より親密な「妻」や「夫」という立場になかなかなれないのです。

あるいは最初から、仮に恋人になったとしても結婚できない人、結婚の確率が低い人を選んでしまうことも多いのです。

たとえば、好きになった人が既婚者とか、年齢差が大きかったり、遠距離であまり会えなかったり、仕事などの状況から結婚が望みにくかったり、いわゆる「障害のある恋」になりやすいのです。

†なぜよき娘・息子同士は結婚できないのか？

必ずしも相手に問題がなくても結婚を遠ざけてしまうことは少なくありません。

ある女性は付き合って8年の彼がいました。彼はふつうのサラリーマンで性格も何も問題はなく、優しくて穏やかな関係を築いていました。まわりも公認、家族も応援してくれましたが、結婚にはなぜか踏み込めませんでした。

彼女はお母さんととても仲が良く、休日も2人で買い物に出かけたり、旅行に行くこともあるほどです。まわりからすれば「理想の娘」であり、「みんなが羨む母娘」だったのですが、意識下では「彼よりも母を優先」していたのです。

それは彼のほうも同じでした。彼は学生時代に父を亡くし、それ以来、母、息子の2人暮らし。「夫婦か？」と見まがうほどの関係性を見せていたんですね。

お母さんは息子のためにお弁当をつくるだけでなく、一生懸命家事をし、まわりの世話もしていました。結婚を応援する気持ちがある一方で、寂しさも吐露していました。

彼もまた、お母さんを1人にできないからと、結婚したとしても同居することを希望していました。

そんな母親を大事にする2人ですから、なかなか結婚には至らなかったのです。

2人はどちらも「典型的な母の壁による結婚できない事例」の1つです。

表向きは母を大事にするよき娘・息子ですから、余計に問題意識を持ちにくいのです。

† なぜ自分の母親が原因で彼氏が浮気をするのか？

彼の浮気の根本原因が自分のお母さんにあった、というケースもあります。

彼の浮気に悩む女性をカウンセリングしました。いつも嘘（うそ）をついてはコンパに行き、職場の女の子に声をかけ、あちこちに女友達がいるプレイボーイ君でした。それに苦しみながらも5年もつかず離れず付き合っていたのです。

彼女のほうは母子癒着の傾向がとても強かったのですが、典型的なエピソードがありました。

「うちには門限はないんですけど……夜11時を過ぎて帰ると母親の機嫌がすごく悪いんです。また、土日両方とも出かけると嫌味がすごくて。スマホに嫌がらせのようなメールや電話をしてくるんです。だから、彼の家にお泊まりしても全然気が気じゃなくて。泊まるつもりだったのにお母さんがうるさいから家に帰ったことも1度や2度じゃありません」

彼女は嫌々ながらも結果的にお母さんを優先していました。すると、置いてきぼりになった彼は寂しいですよね？「オレより母親を選ぶのか？」と。

その結果、彼は寂しくなってほかの女性を求めるようになってしまうのです。

以上のように、お母さんとの関係を見つめ直すと、恋愛や結婚に関して思いがけない原因を発見することがあるのです。

4-3

母親から心理的に自由になる方法

†母親から解放される方法

お母さんとの関係を解消しておくということは、結婚に対しても大切なアプローチであるだけでなく、自分が自立するうえでも重要なことなんです。

もちろん、「お母さんを見捨てろ！」というつもりはありません。お母さんを手放すこと。すなわち、お母さんから心理的に自由になることを目指すのです。

先のお母さんから心理的に自立するプロセスは、本来ならば思春期のころに体験しているはずです。しかし、最近は反抗期がないまま大人になっている人も多いので、このようなケースはとても増えているのです。

ぜひ、お母さんとの関係を見つめ直す時間をつくりましょう。お母さんの影響を手放す方法として私がおすすめしているのが次のプロセスです。

この①〜⑥をきちんとやるだけでだいぶ整理がつきますので、ぜひ1〜2カ月かけて取り組んでみてください。徐々にお母さんの呪縛(じゅばく)から解放される実感を得られるはずです。

感情の解放

① 母親に対して正直に感じている気持ちを書き出す。怒りも愛情も寂しさも。
② 母親に対して我慢していたこと、犠牲にしていたことを書き出す。
③ 母親に対して言えなかったこと、母親のせいでできなかったことを書き出す。

「感情の解放」によって心の中に溜まっていた重たい感情を吐き出すことができ、心に余裕が生まれます。特に怒り、悲しみ、罪悪感、恨みつらみの感情を持っていることは、お母さんのことをより強く意識する根拠になります。

たとえば、パーティなどでいろんな人と話をしたときに、どちらかというと態度が悪く、嫌いなタイプの人のほうが印象に残りますよね。怒りや嫌悪感という感情はインパクトが強いので、そうした感情を持てば持つほど、その人に意識が向いてしまうのです。

したがって、①～③のプロセスでそうしたネガティブな感情を解放することによって、お母さんに対して楽な心理状態をつくることができるのです。

感謝

④ 母親に感謝できることを書き出す。
⑤ 母親が母親でよかった理由を書き出す。
⑥ 母親に感謝の手紙を書く。

「感謝」を向けることはお母さんへの愛を感じることです。ネガティブな感情を手放して、そこに愛をたくさん入れることにより、お母さんとの間にポジティブな思いをつくることができます。

ポジティブな思いを持つものや人に対して、私たちは自分軸で行動しやすいものです。

「あの店、すごくおいしかったし、店員さんの態度もよかったなあ。また行きたいなあ」という経験を皆さんもお持ちかと思います。そうすると、再びその店を訪れるときに気分よく店の扉を開けられます。

お母さんに対して感謝することで、お母さんに対するイメージがポジティブなものとなり、気分よくお母さんと接することができるようになるのです。

第5章

心地よい距離のつくり方

5-1

適切な距離感をつかむには「感じる能力」がとても重要

†相手との適切な距離のはかり方とは？

お母さんの呪縛を解き、しっかり自分軸に立てるようになると、距離感を上手につかめるようになってきます。しかし、この距離感は物理的なものではなく、心理的なものなので、抽象的にならざるをえず、つかみどころがないことも事実です。

心理的な距離が離れていると他人行儀になり、敬語になります。はじめて会った人にいきなりタメ口をきかれたら、壁をつくりたくなるでしょう。

一方、心理的な距離が近い人からはタメ口や砕けた言葉を使われるのは、むしろ親近感を感じてうれしく思うものです。

さらに距離感には「その日の気分」や「その場の空気感」も影響を与えます。女性ならわかるでしょう？　昨日なら許せた同僚の言葉が、今日はカチンとくる、という経験。

そして、ピーンと張り詰めた場所では、なかなかフランクな発言は難しいですよね。

ちなみに、距離感について語るときによく引用されるものに、エドワード・T・ホールが提唱したパーソナルスペースの概念があります。パーソナルスペースとは、侵入されると不快に感じる距離、自分の縄張りのことです。これを1つの指標と考えることもできるでしょう。

私は適切な距離感をつかむワーク（実習）をセミナーで時々しています。2人組をつくり、向き合ってそれぞれが心地よい距離感を見つけていくのです。皆さんもちょっと誰かと向き合っているイメージを持って読み進んでみてください。

目の前の人に1歩近づいてみる。

うん。大丈夫。

もう1歩近づいてみる。

少し相手に緊張感が走る。

自分はもう少し近づきたいけれど、無理はしないほうがよさそうだ。

ここで少しじっとしていようか。
でも、相手はちょっと警戒感があるみたい。
少し、そう、半歩くらい下がろうか。
うん。この辺がちょうどいい感覚だ。
しばらくここにいるともう少し近づいても大丈夫な気がしてきた。
相手も少しずつ慣れてきて心を開いてきたみたい。
半歩近づいてみる。
さっきは緊張感があった距離だけど、今は大丈夫になったみたい。
もう1歩は、少し大きすぎるから、半歩、近づいてみる。
一瞬、相手は警戒感を出したけど、すぐにそれを打ち消して大丈夫な表情になった。
じゃあ、思い切ってもう1歩。ほんとはグッと近づきたいけど。
あ、ちょっと近づきすぎた。シャッターがスーッと降りちゃった。
ここは勇気ある撤退だ。
でも、勢いよく近づきすぎたから、さっきは大丈夫だった距離もちょっと厳しいか。

エドワード・T・ホールが提唱した
パーソナルスペースの概念図

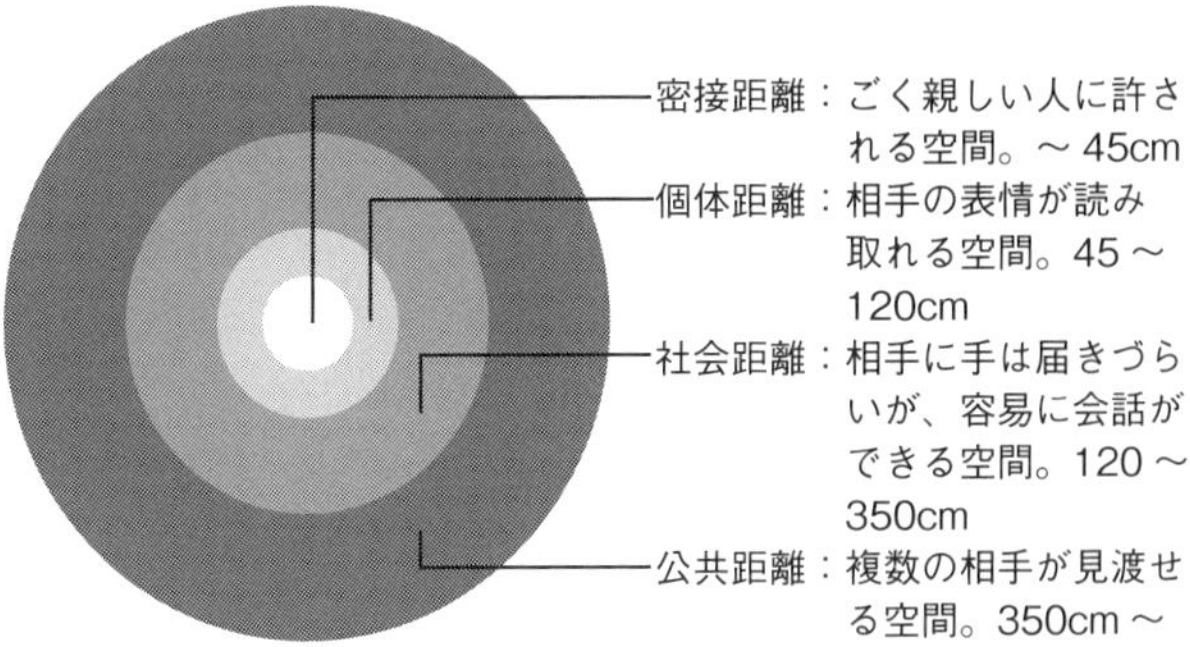

密接距離：ごく親しい人に許される空間。〜 45cm
個体距離：相手の表情が読み取れる空間。45 〜 120cm
社会距離：相手に手は届きづらいが、容易に会話ができる空間。120 〜 350cm
公共距離：複数の相手が見渡せる空間。350cm 〜

もう少し下がって距離を取ったほうがいいだろう。

これを何回かペアを入れ替えてやってみるんですね。

そうするとAさんとペアを組んだときには1・5メートルくらい、Bさんと組んだときは1メートルくらいが適切な距離であることが実感できます。その場合、AさんよりもBさんのほうにより親密感を感じたみたいですね。

†言葉を使えばもっと早く

このワークでは「感じる」ということを意識してもらうためにあえて無言で適切な距離をはかってもらうのですが、現実の世界では言葉やボディランゲージが使えますね。

「ちょっと近づきすぎ?」

「もう少し近づいても大丈夫?」

「あ、ごめんなさい。ちょっと距離取るね」

「もっと近づきたいんだけど大丈夫?」

こんな露骨なやりとりは、普通はできません。できたとしたら、2人はめちゃくちゃ仲良しということでしょう。とはいえ、そうしたニュアンスというのは直截的な言い方ではなくても、婉曲的な言葉や態度で伝えることもできますし、それを察することもできます。

とにかく、無言でやりとりするよりも、言葉を使ってお互いの気持ちを確認しながらのほうが圧倒的に安心感や信頼が生まれやすく、また適切な距離感も早くつかめるようになります。

もちろん、人によってはその反応がわかりにくい場合もあります。男性は特に感情を抑圧しがちなので、この距離が近いのか離れているのかわかりにくいことが多いのです。カウンセリングでも、「相手の反応がわからない」とか「相手は近づいてもOKだと思っているんだろうか？」という相談はとても多いんです。

だからこそ、そこでコミュニケーションがすごく大切になってきます。そして、相手の態度や言葉から「ああ、これが今はちょうどいい距離感なんだな」ということを感じ取っていくのです。

5-2

もう迷わないための距離感のつかみ方の基本

†自分の気持ちと同じように相手の気持ちも

距離がお互いにとって心地よいかどうかを判断するのは「感性」です。

つまりは「感じる力」。それは自分の気持ちを感じるのと同時に、目の前の人が感じていることを感じ取る力。この両方が必要です。

現実の世界でも「私は近づきたい」という思いが強すぎて、つい相手がNOというサインを出していることに気づかずに距離を縮めすぎてしまうこともありますし、逆に相手が近づいてきたときに自分が「ちょっと近すぎる！」と感じていることに気づけなくて、いきなり近すぎる関係になることもあります。

この「感じる力」を養うことで、人との適切な距離感をつかむことが可能になるのです。

適切な距離というのは、自分にとっても相手にとっても近すぎず、離れすぎず、という感覚で、それは自分の感情が発するサインによって気づくことができます。

「適切な距離」なのですから、自意識過剰になって自分の感情にしか目が向かなくなっていたり、人目が気になって相手のことばかり考えていると距離感がうまくつかめないのは自然なことです。

ちなみにこれは女性よりも男性のほうが苦手です。けれど、感受性が強い女性は自分の感情にとらわれて相手の感情に配慮できなくなる可能性は男性よりも強いんです。

ということで、男女ともそれぞれ違う理由により、適切な距離感がわからない、という問題に陥りやすくなります。

✝ 距離感のつかみ方は対家族、対同僚でも本質は同じ

他人との距離感はまず自分の足で立ち（自分軸）、そのうえで、相手との心地よい距離を探っていくものです。しかし、家族でも、同僚でも、友人でも、その人との心地よ

い距離は常に変動しつづけているものです。

たとえば、普段は何でも話せる仲のいいお母さんなんだけれど、あることでケンカをして気まずくなったなら、前日と同じ距離を取るのはしんどくなりますよね。そうすると、少し距離を取ったほうが自分もお母さんも楽な気分で接することができます。

また、自分と性格や価値観の合う同僚とあまり合わない同僚とでは、やはり心の距離は変わるものです。時には職場で知り合った同僚がとても気の合う相手で、プライベートでも一緒に過ごす恋人や親友になったりすることもあるでしょう。

何にせよ、お互いに心地よい距離を取るという点では、家族も同僚も同じなのです。

ところが、そこに「家族だから」という名目を使って距離を縮めようとしたり、「同僚だから」と最初から線を引いてしまうのは、距離の取り方としては正解ではありません。

†相手が近すぎるというサインを出したとき

適切な距離感をつかむためには、まずは自分の感情を感じる必要があります。しかし、これだけですと一方的な自分の思い込みによって相手との距離を決めてしまうことになります。

したがって、その次に相手の様子・態度から「お互いにとって適切な距離」を定めていくことになります。

自分には心地いい距離かなと思っても、相手が息苦しそうな、嫌そうな雰囲気を出しているとしたら、それは相手にとっては近すぎという証拠。

相手のために少し距離を取ってあげることが理想です。

すると、自分にとっては少し物足りない、寂しさを感じる距離に移ることになりますね。そこで「ちょっと距離があるけれど仕方ないから我慢する」と思ってしまうのは犠牲ですからストレスとなります。

そこでは意識を次のように変えてあげると我慢、犠牲ではなくなっていきます。

「相手に準備ができるまで少し、この距離で待ってあげよう」

「まだ、相手にとってこの距離は近いんだ。だから、少し離れて相手の気持ちが落ち着くのを待って、そしてまた近づいてみよう」

「ちょっと寂しいけれど、今はまだ相手にとってはしんどい距離なんだな。もう少し近づいても大丈夫なように、信頼されるような態度を取っていこう」

それは時にショックな反応であることも多いのですが、自分軸で生きていると、タイミングなりやり方なりがまずかったな、と思うだけで自分自身を否定されたとは思わなくなります。

†相手が遠すぎるとサインを出したとき

逆に、自分にとって心地よい距離が、相手にとっては遠く感じる場合もあります。

その場合、相手に合わせて近づいてしまうと、自分にとっては不快な距離になってしまうので、やはり我慢や犠牲になってしまいます。そこでも相手に合わせるのではなく、自分の気持ちと向き合いながら距離を取っていきます。

たとえば、こんなふうに考えてみるのがいいでしょう。

「相手にとってはこの距離はちょっと遠いようだけど、自分にはもっと近づくほど心の準備ができていない。だから、その気持ちをちゃんと伝えて相手に理解してもらおう」

「相手は自分にもっと親密な気持ちを持ってくれているようだ。ありがたいことだ。その気持ちを受け取ることができれば、もっと相手に近づいても大丈夫になるだろう。それまで少し時間をもらえるように、コミュニケーションしていこう」

†距離は時間を使ってコントロールするもの

「お互いにとって心地よい距離感」というのは、パッと決められることもありますが、まだお互いのことを知らないうちは、どちらか、もしくは両方が心地よい距離感をつかむことができなくて落ち着かないものです。

そういうときに、自分軸で生きられていないと相手の気持ちばかりを考えてしまいます。


「私、やっぱり嫌われているのかな？」

「どういうつもりで私に近づこうとしてくるのだろう？」

「私に何か落ち度があって、そういう態度を取ってしまうのだろうか？」

また、そこで相手をコントロールしたくなる場合もあります。「自分がこの距離がいいと思ったんだから、相手も自分に合わせるべきだ」というふうに。

しかし、これでは「私にとってはいいけれど、相手にとっては心地よくない距離」になりますよね。相手にストレスがかかってしまいますから、いい関係とは言えません。

やはりコミュニケーションを重ねつつ、また、お互いをもっと理解し合おうとすることで、お互いに心地よい距離が取れるようになります。

暗黙の了解で、感覚的にいい距離をつかめるときはいいのですが、そこで気をつかったり、我慢をしてしまったり、犠牲を払ってしまったりしたら自分がしんどいですし、相手にそういう思いをさせたいわけではありませんよね？

そこで、立場を考えたり、嫌われることを恐れるとしんどくなってしまいます。だから、少し時間をかけてお互いに心地よい距離をつくっていきたいところです。

5-3

近づきたければ期待以上のサービスを

† 愛されたいならまずは与える

誰もが「愛してほしい」「好かれたい」「嫌われたくない」という思いを持っています。

しかし、そこにばかり意識が向くと、相手から「愛を奪う」ことばかり考えることとなり、なかなか望みどおりに事が運ばなくなってしまうものです。

皆さんも相手に求めすぎて関係が壊れてしまった経験はありませんか？

近づきたい、距離を縮めたい相手がいるとき、私は自分から相手の心に架け橋を架けることをおすすめしています。

「待つ」のではなく、自ら「近づく」ということです。

その近づく秘訣は「与えること」。

与えるとは、相手を喜ばせることです。

「愛されたい」という思いは受け身の姿勢で、相手任せの態度です。

一方、相手が喜ぶことは何かな？　ということを意識して、思いついたことを実際にやってみて、それがヒットすれば相手は心を開いてくれるようになります。

与えることというのはプレゼントや花束を渡すこともそうですが、もっと些細なこと、ちょっとした言葉かけ1つでもできることです。相手が喜びそうな言葉をかけてあげることだったり、相手をほめてあげること、さらには感謝の気持ちを伝えることもそうです。

また、ちょっとした変化に気づいてあげたり、カップコーヒーを1杯奢ってあげるなどの気づかいでもいいのです。

†打算や下心では相手は振り向かない

ほめられて嫌な人はいませんから（受け取れなくて抵抗を示す人はいますが）、与えることによって相手はだんだんあなたに心を開いてくれるようになります。

しかし、ほめるというのも意外と難しいものです。仮に職場に気になる女性がいて、もっと近づきたいあまりに「今日の服装、かわいいですね」なんて言ったとしましょう。もし、相手があなたをただの同僚の1人くらいにしか思っていなかったとしたら、ドン引きされる可能性大です。

注意したいのはあくまで自分軸で与える、ということ。

「相手に心を開いてほしいから」という計算、すなわち下心でやってしまうと、当然ですが、相手の反応が気になります。そして、「せっかく喜ばせようと思ってやってあげたのに、何、その反応!?」とまるで期待を裏切られたような思いが出てきてしまうとしたら、それは「与える」のではなく「取引をしようとした」ということになります。

つまり、自分の好意と引き換えに相手の気持ちを得ようとする試みなのです。

「与える」ということは愛ですから、それ自体に喜びがあり、充足感があります。しかし、「取引」は相手から何かを引き出すために行われるので、そこに愛はありません。だから、期待どおりに物事が進まないときに怒りを感じてしまうのです。

純粋に相手が喜ぶことをしてあげること。それが架け橋となるのです。

†男女関係の距離感のはかり方とは？

問題はやはり男女関係。

「うーん、この反応ってどうなんだろう？」

「彼はどんなふうに感じてるのかわからない。さっぱり伝わってこない」

「ああ、急に音信不通になっちゃった。近づきすぎた？」

「大丈夫と思って受け入れたら、すごく嫌なやつだった。どうしよう」

そんな状態になることも多いんです。そこに恋愛感情が入ってくると、自分の感情に振り回されることも増えますから、冷静に距離がはかれません。

ただ、基本的に「ちょっと近づいてみて、相手の反応がＮＯでなければもう少し近づいてみる」という方法が無難でしょう。

相手の態度が変わる（近すぎて怖くなってこわばる）地点が必ずあります。

「これ、大丈夫かな？　いけるかな？　あ、いけるね。これはどうかな？　あ、ヤバいね」

そんな雰囲気を感じ取れるようになりたいものです。

とはいえ、恋愛ばかりは慎重に距離をはかることを提案せざるをえません。

恋は人を盲目にします。キャバクラ嬢に騙されるおじさんたちを見ればわかるでしょう（むしろ騙されたいと思っているかもしれませんが……）。

苦笑いを微笑みだと思って受けとめてしまうのはまだしも、「やめてください！」という拒否の言葉を「自分にだけ本心を見せてくれた。うれしい」などと勘違いする人がいないこともないのです。最悪の場合は、ストーカーのように暴走して相手に迷惑をかけることもあるのです。

もちろん、恋愛に慎重になれ、と言いたいわけではありません。恋愛における距離感というのは、家族やビジネスと比べてなかなかはかりづらいということです。

第1章でもお伝えしましたが、異性との距離感というのは思春期における異性との付き合い方が根っこにあります。そこに縛られすぎる必要はないのですが、自分の異性へ対する距離感の指標にはできます。仮に、あなたの周囲に大胆な行動で異性を射止めた人がいたとしても、それは経験値によるものであり、自分にはまだ無理なのではないか、などと冷静に分析できるようになりたいものです。

5-4 理解を得るための相手を傷つける勇気

†あえて身を引くことも、相手を喜ばせる術になる

以前、知人を通じて私と話がしたい、という方がいらっしゃいまして、一緒に食事をすることになりました。その方は幅広くビジネスをやられている方でとても情熱的な人であることはすぐにわかりました。

その席で、彼はいきなり私の仕事をどのように展開していけばいいのか、どういうふうに売れば成功できるか、という彼なりの意見を熱く語ってくれたのです。

私は、その気持ちはうれしかったのですが、あまりの急展開に引いてしまい、「せっかくだけど、その話に乗ることは今はできかねます」という返事をしました。

すると彼はすぐに失礼を詫び、その気になったらぜひ声をかけてください、とおっしゃってくださって、その後はいい雰囲気で食事を楽しむことができました。彼の話は

とても面白くて私にとっては参考になることも多く、今となってはいい思い出です。

その後、彼とは1、2度しかお会いしていませんが、もし仕事に行きづまったら彼に相談してみようと今でも思っています。


自分軸で生きることができている人は自分に自信を持ちやすいんですね。しかし、自信を持っているからこそ、相手が引いてるな、と思ったらすぐにやり方を変えることができますし、謝ることもできます。

もし、彼がその場で強引に営業をしてきたのならば、せっかくのおいしい食事が台無しになってしまったでしょう。

しかし、彼がすぐにその提案を引っ込め、こちらの話を受け入れてくれたおかげで、私は彼に好印象を持つことができました。

人によっては強引に話を進めたほうがうまくいくケースもありますが、相手の状態を見ながら行動できるのは自信がつくり出す心の余裕です。

「時にはあえて引くことも積極的な近づき方になる」ということを覚えておいてくださ

い。

†あえて傷つける

さらに話を掘り下げましょう。

「あえて引く」よりももっと難しいテーマで、「あえて傷つける」というものです。表面的にいい関係を築くだけであれば、差しさわりのない話、または相手を不快にしない話をしていくことで成し遂げることができます。

しかし、お互いに信頼し合える、より深い関係性を築いていきたいのであれば、時には耳に痛い話も必要な場合があります。

「君のそういうところは直したほうがいいんじゃないか？」

「あなたにそう言われたことで私はとても気分を害してしまった」

「あなたの考え方は私には合わないと思う。申し訳ないけれど受け入れることはできない」

皆さんはそういう話を感情的にならずに伝えることはできますか？

†私のこと、嫌いになるかもしれませんが…

私はカウンセラーという職業柄、話を聞くだけでなくさまざまな提案も行っています。そこでは時に、あえて傷つけるような話をすることも実は少なくないのです。

以前、従業員の仕事ぶりについてとある社長さん（女性）から相談を受けました。彼女は立て板に水の如く語る人で、とても情熱的な女性でした。その情熱をもって今の事業を成り立たせてきたことも想像に難くなく、また頭が切れる方でもあります。そして、そういう方によくありがちなのですが、自分の考えが常に正しい、と思っていらっしゃるようでした。

彼女は「本当はこうすべきなのに、そうしないのはおかしい」とか「私がこういうふうに指示したのに、それができない社員が多い」とか、さまざまな不満や愚痴を語っていました。時には美しい顔を歪めながら、あれこれと厳しい意見をおっしゃっていたんです。

その話をお聞きしながら、「ああ、こういうことを従業員にもしているんだろうなあ」と思い、彼らの苦労をちょっと察してしまいました。

あまりに話が止まらないので、「ちょっといいでしょうか？」と話の途中に割り込んで、「厳しいことを少し伝えさせてもらってもいいですか？」と話しかけました。

彼女は「え？　あ、はい。すいません。私ばかり話をしてしまいました」と聞く耳を持ってくださったので「従業員の皆さんが、なぜあなたの期待どおりに仕事をしないのか、今のお話でちょっとわかりました」と伝えたのです。

俄然彼女は興味を持ってくださって「どうしてですか？　ぜひ、お聞きしたいです。というのも……」とまた話をはじめたので慌ててそれを制し、こんな話をしました。

「ちょっと今からショックなお話をすると思います。私のこと、嫌いになるかもしれませんけれど（笑）。多分、○○さんは従業員の皆さんのことを信頼してないですよね？　そして、彼らを無能だと一方的に決めつけちゃっていますよね？　だから彼らはあなたに反抗的な態度を取り、ある人は退社し、ある人は戦意喪失してしまうのです。あなたは彼らの話に耳を傾けたこと、どれくらいありますか？　いつも一方的に自分の考えや

攻撃的な態度・行動の裏には
過去に体験した感情や本音が隠れている。

思いを押しつけてきませんでしたか？　だから、彼らは心離れを起こしてしまうんです。

　それは何が原因かわかりますか？　私が思うに、本当のところ、あなたは自分に自信がなく、いつも不安を抱えていらっしゃる方だと思うのです。

　○○さんがとても能力のある人だということはものすごくよくわかります。しかし、自分と同じ能力を従業員に求めすぎていませんか？　自分ができるからお前たちもできるだろう？　ってどこかで思い込んでいませんか？　あなたが自分の能力をちゃんと受け取り、自信にしていないので、彼らをコントロールしてしまう言動になっちゃうんですよ」

彼女は絶句して、みるみる顔を赤らめて、私の意見を否定しようとしました。

しかし、うまく言葉がつながらず、「あ、素直じゃなくてすいません。でも、根本さんのおっしゃるとおりかもしれません。確かに私はどこかに不安があって、私なんかじゃダメだと思っていて、それでいつも焦っているんです」と話してくれました。

†なぜ傷つけたのに心を開いたのか？

あえて傷つけるような話をしましたが、結果的に彼女は心を開いてくれたのです。そして、いろいろとご自身の本当の気持ちをとつとつと語ってくれました。

かつて勤めていた企業でどんなに成果を上げても認めてもらえなかったこと、上司からは「お前は能力がない」といつもダメ出しされていたこと、独立したときに懇意だった取引先から総スカンを食らって傷ついたこと、そして話は仕事だけでなくプライベートにまで及びました。

時には涙を流しながら母親との葛藤（かっとう）や離婚の苦しみを語ってくださったのです。そこから彼女が非常に傷ついてきたこと、その痛みを今も抱えながらがんばっていることが伝わってきて、私も胸が熱くなるほどでした。彼女はそうした心の傷を悟られないように、また無能だと言われないように、必死にがんばってきたのでしょう。それがあの一方的な話し方になっていたに違いありません。

そして、そのときの様子ははじめのころの立て板に水の如き話し方ではなく、まるで心の底に溜まった澱（おり）を吐き出すように、ぽつぽつとゆっくりした話し方になっていきました。

最後のほうでは、本当に困り果てた様子で「私はどうしたらいいんでしょうか？　本当に今、行きづまっているんです」と本音を語ってくれました。

†相手への信頼があるから相手を傷つけられる

時には傷つける勇気を持つことも人間関係には大切なことです。その結果、相手が心を開き、本音を語ってくれることも数多く私は体験してきました。

しかし、ただ闇雲（やみくも）に傷つける言葉を言うのではありません。

それを伝えるこちら側にも嫌われたり、逆上されたり、あるいは理解してもらえないばかりか、誤解されてしまう覚悟が必要です。

その覚悟をつくるものは「信頼」です。

それは「この人は私の話を受け止めてくれるだけの器がある」という信頼ですし、また、「この人はこれだけの素晴らしさがある。その素晴らしさを生かし切れないのはもったいない」というその人の価値や才能への信頼でもあります。

相手への嫌悪感や怒り、恐れなどからくる攻撃はただいたずらに人を傷つけます。しかし、「信頼」という「愛」からあえて厳しい言葉を伝えるのなら、そのときはショックを受けてもやがて相手は理解してくれるものだと思っています。

そのためには相手の価値や才能を見て伝える勇気と、嫌われる覚悟が必要なのです。

それらが揃ったときに私たちは本気で、真剣にその厳しい言葉を伝えることができます。

先の社長さんとのカウンセリングも「ほんと大変ですね」という共感をしつづけることで終わらせることはできたでしょう。しかし、彼女の能力やがんばりや情熱や思いを察するに、それでは申し訳ないと私は思い、あえて耳に痛いことを伝えさせてもらいました。

カウンセリングの数日後、彼女からお手紙をいただきました。

私に言われたことがショックでそのときは頭が真っ白になってしまったし、なんてひどいことを言うんだろう、私は間違っていない、と即座に思ったそうです。

しかし、私の思いが通じたのか、私の話を聴いているうちにだんだん心の奥底が緩むような感じがして、今までのつらかった思い出が次々にあふれ出てきて、子ども時代の話までしてしまったそうです。

その文面は私が恐縮して、恥ずかしくなってしまうくらい、感謝の言葉で埋め尽くされていました。

時にはあえて傷つける勇気も必要。しかし、それは「愛」や「信頼」に基づいての行動であれば、ちゃんと伝わるし、より信頼関係が深まるのです。

第6章

嫌いな相手への境界線のつくり方

6-1

嫌いな相手との間にはっきりとした線を引く ステップ❶

†嫌いな相手と付き合うための境界線のつくり方

ビジネスにおいては好きな人ばかりと接することは現実的に難しいものです。職場に嫌なやつがいたり、取引先に相性の合わない人がいることもよくあることでしょう。とはいえ、あからさまに嫌な態度を取ってしまったらビジネスにも大きな影響を及ぼしてしまうものです。

また、夫婦や嫁姑（よめしゅうとめ）問題のように、物理的になかなか切り離せない人もいます。皆さんはそういうとき、どうしていますか？

基本的な接し方としてよくご提案しているのが、心理的に距離を置いてあくまでビジネスライクな付き合い方をすることです。わかりやすく言えば、その人と接するときは感情を無視して表面的なやり取りに終始することです。

コミュニケーションも最低限にし、もしきちんと話をしなければいけないときは可能ならば誰かに代わってもらうか、それができないならば別の人に同席してもらうことを検討します。

どうしてもそれが無理なら「これも何かのお勤め」と思い、なんとかその時間を凌げるように必要事項だけをやり取りするようにします。

最終的な手段としては、物理的な距離を取ることです。要するに会社を辞める、離婚するのです。我慢して大きなストレスを抱え込むよりも、自分の身を守ることのほうが大切です。

しかし、まだなんとか我慢できる余地があるのであれば、本章の4つのステップを踏んでストレスを軽減してください。

† 嫌いな人を嫌いと認める

まず、自分と苦手な相手の間には、はっきりとした線引きをしなければなりません。

いい人ほど「嫌いになっちゃいけない」「相性が合わないとか思ってはいけない」などと自分の気持ちを否定してしまいます。そして、なんとかうまくやろうとして心労を重ねてしまうのです。

だから、まずは「嫌いなものは嫌い」と認めることが大事です。それをいけないことと思ってしまうとドツボにハマります。

「この人とは馬が合わない」

「この人のことは正直好きになれない」

「この人とはやっていけない」

という正直な気持ちをまずは認めることです。そこでは相手にどう思われるか？　ということは気にしないようにします。だからこそ、自分軸でいられることがすごく大切になるのです。

そうすると、嫌いなりの付き合い方ができるようになります。

ちなみに「私は私、他人は他人」（この「他人」の部分はあなたの嫌いな人の名前を入れてください）という自分軸を確立するときに使うアファメーション（繰り返し自分の中で唱えて、自信にすること）はとても効きますからおすすめです。

これで嫌いな人との間にはっきりと線を引いて付き合えるようになると、それだけで心理的にとても楽になれるはずです。

6-2

「なぜ、嫌いなのか?」を掘り下げる　ステップ❷

†嫌いな理由を明確に

相手との間に明確な線を引いたとしても、どうしても気長に付き合わなければならないとか、嫌いなままでは仕事がやりにくいという方もいらっしゃるでしょう。

その問題を見る前に、少し深い話になりますが、心理的に「嫌い」とはどういうことかを考える必要があります。

さまざまな人がいる中で、その人に対して「この人は嫌い」という感情が沸き起こるということは、そこになんらかの心理的な問題を自分自身が持っていることを表しています。

ついつい「相手が悪い」と私たちは思いがちですが、その人とうまくやれる人もいる中で自分が合わないということは、自分自身の中に何か抵抗、傷、禁止などの要素があるわけです。

だから、「なぜ、この人のことが嫌いなんだろう？」「何で合わないいんだろう？」という理由を見つけていくことが、嫌いな人とうまく付き合うための2つ目のステップになります。

† 誰かに似てる

心理学では「投影の法則」と言いますが、人は過去に自分を傷つけた人に雰囲気、立場などが似ている人のことを嫌いになります。

たとえば、あなたのお父さんが高圧的で一方的に物事を決めつける人だったので、いつもビクビクしながら育ってきたとしましょう。すると、お父さんというのはいわば家庭内の権威の象徴ですから、職場の権威である上司や社長などの目上の人にお父さんを投影してしまい、その上司のことがわけもわからずに苦手になります。

また、上司に限らず、お父さんと同じような言動をする人を見ると、たとえ姿かたちが似ていなくても、「お父さんに対して感じていた嫌な気持ち」をその人に投影するので苦手、嫌いになります。


特にこうした誰かを投影しているケースでは、被害者モードで、受け身に回りがちです。嫌な気持ちをどんどん膨らませながらその人と付き合うことになるので、相当なストレスを抱えてしまうのです。

それを主体的に解決していくためにも、「自分が誰をその人に投影しているのだろう?」という見方はとても有効です。

「ああ、この上司にお父さんを投影しているのね」と気づくことで、少し気持ち的に楽に付き合えるようになります。

†自己嫌悪の投影

また、この「投影の法則」には他人をその人に映し出すだけでなく、自己嫌悪も投影しています。

たとえば、時間にルーズでいつも遅刻してしまう自分を嫌悪していると、ほかの人が時間を守らない場面に遭遇したときに、その人のことも嫌悪します。

そういう意味では「嫌いな人」をよく見ていくと、実はその人は自分そっくりだった、という真実に気づいてしまうことも多いのです。

このケースは意外なほどに多く、「何で○○さんのことが嫌いなの？」というお話をうかがっていくと、だんだん自分でも「あれ？もしかして、それって自分のこと？」と気づいてしまい、ショックを受けられる方も少なくありません。

自分と似ている人を嫌悪している場合、と

もかく人に構っている暇はなく、とりもなおさず自己肯定感を上げることが求められるのです。

自分のことを肯定し、愛せるようになっていくと、その人のことも許せるし、ふつうに付き合えるようになるから不思議です。

†自分が禁止している、我慢していることをしている

自分とは正反対な生き方をしている人に対しても、人は憧れと同時に嫌悪感も抱きやすいものです

「わがままを言っちゃいけない」と思っている人は、自由に行動している人に対して嫌な思いをします。「ちゃんとしなきゃいけない」と思っている人は、いい加減な態度の人のことが嫌いになります。

つまり、私たちは無意識に自分が禁止していたり、我慢していたりすることをほかの人がやっていたら、その人のことを嫌いになるのです。

だから、「あの人、苦手だなあ」と思ったとしたら、自分が禁止、我慢している何か

を探してみてください。

私たちは大人になって自立した分だけ、「正しさ」にこだわるようになります。「期日はきちんと守るべきだ」「宴席では上席者よりも先に箸を付けてはならない」「与えられた仕事はちゃんとこなさなければならない」などの多くの「正しさ」というルールを持っています。

このルールを破る行動に対し、私たちは「怒り」を持ち、その人のことが嫌いになるのです。時にはこの正しさがぶつかってケンカになることもしばしばで、お互いにどちらが正しいのかを主張し合います。

このことを「正しさの争い」といい、職場はもちろん、家庭や友人関係などあらゆる場面で顔をのぞかせます。

嫌いな人に対して、この正しさを適用すると「自分は悪くない。あいつのせいだ」という思いを持ちやすくなり、表面的、あるいは水面下でその人のことを否定し、攻撃するようになります。そして、自分がその人を嫌うことを正当化してしまうのです。

この「正しさ」がいけないというわけではないのですが、これがたくさんあると常に人に対してイライラしていなければならず、嫌いな人がどんどん増えていきます。

いわば、自ら敵をつくってしまうのです。

したがって、人間関係を構築するにはこの「正しさ」をできるだけ手放して、こだわらないようにすることをおすすめしています。

前向きに言えば、あなたが嫌いな人、苦手な人は、そうした心の内にある正しさの存在を教えてくれる得難い人なのです。

6-3

嫌いな人のいいところをあえて探してみる　ステップ❸

†嫌いな人のいいところってどこだ？

「なぜ、その人が嫌いなのか？」という理由を自分の中に求めることができると、それだけで相手に対する抵抗感は薄れていきます。全然平気になるわけではないかもしれませんが、それでも、以前よりも楽な気持ちで接することができるはずです。心理的に少し余裕が生まれますから、次のようなチャレンジができるようになります。

「あの人のいいところってどこだろう？」

たとえば、「わがままで、自分勝手で、約束の期日も守らないいい加減なやつだけど、仕事の質は高いんだよなあ」とか、「感情的で気分屋で付き合いづらいやつなんだけど、なんか憎めないんだよなあ」とか、「いつも正論ばかり言って正直苦手なんだけど、ちゃんと将来のことを考えて今からきちんと準備してるから、そこは尊敬できるんだよなあ」みたいな感じです。嫌いなところは嫌いなままでいいんですが、その一方で、いいところを見てあげられるようになります。

すると、だんだんその人のことが受け入れられるようになるのです。

†嫌いな人に対しても応援したくなる

私がカウンセリングで出会う人の中には嫌な態度を取る人や、明らかに不誠実な態度の人、自分の正しさばかり主張して誰かを否定ばかりする感じの悪い人もいます。

はじめは嫌だなあ、と思いながら話をうかがっているのですが、その人のいいところが見つかってくると、「この人もほんとは悪い人じゃないんだな」と感じることができ、最後には応援したくなることも珍しくありません。

もちろん、そういう見方をするためには私自身の心に余裕がないとできないのですが、似た経験をたくさんしていると、嫌な態度を取っている人にもはじめから「この人にもいいところがあるんだろうなあ」という目で見ることができるようになります。

6-4 嫌いな相手を自分の中に入れてみる　ステップ❹

†相手への理解

ステップ3まで来ると、その人の長所も見えていますから、以前よりははるかに好意的にその人と付き合うことができるようになっています。

ステップ4ではさらに1歩踏み込んで、相手を理解することで、嫌いな気持ちを払拭できるようになっていきます。

たとえば、いつも偉そうに、高圧的かついい加減な態度を取っている上司のことが嫌いだとして、何かの折に、その人が何でそんな態度を取るようになったのかを理解していくのです。

そのためにはそれなりに話をする機会をつくらねばならず、また、相手の話を受け入れる必要があるわけですから、それなりのエネルギーを使います。

しかし、たとえばその上司が本当は自分に自信がなく、いつも不安でいっぱいだったからこそ、その裏返しとして偉そうな態度を取ってしまうこと、いつも一生懸命がんばっているのに上からなかなか評価されずに悔しい思いをしていること、家庭の中にも居場所がなく孤独感が強いことなどがわかってくると、「だから、そんな態度を取ってしまうのか」と受け入れ、許してあげられるようになるのです。

すると、偉そうで高圧的な態度に対しても受容できるようになってきます。

†自分の器に相手を入れる

この状態は「相手を自分の手のうちに入れた」とか「自分の器に相手をちゃんと入れることができた」と言えるので、とても楽に付き合えるようになるのです。

正直に申し上げると、カウンセリングでお会いする方の中にも私が苦手な人、合わない人もいらっしゃいます。

しかし、こうした視点でお話をうかがっていくと、なぜその人が嫌な人だと感じるのか？　どうして、その人がそんな態度を取っていくのか？　が理解でき、「ああ、悪いやつではないんだなあ」ということもわかってきます。

そうするとはじめは嫌で苦手なタイプだな、と思っていたものが、だんだん平気になり、ふつうに付き合えるようになるのです。

† 嫌いな人との付き合い方　まとめ

ステップ1～4を経ていくと、嫌いな人がだんだん平気になっていきます。ストレスが一気に軽減されるので、仕事にしても、プライベートにしても、とても楽になります。

とはいえ、それぞれがかなりエネルギーを使うものです。

嫌いな人に対して1～4のすべてのステップを辿ることをおすすめしているわけではありません。

自分が相手とどうなりたいか？　どうなる必要があるか？　それだけのエネルギーを注ぐ価値があるか？　という自らのモチベーションによって決めていくことが望ましいでしょう。

たとえば、パートナーやこれから長らく仕事を一緒にやっていく相手だとしたら、やはり4までのステップを経るのが得策でしょう。

その一方で、月に1回くらいしか出会わない取引先の営業マンが相手だったとするならば、4までエネルギーを使う気にはなれないでしょう。ステップ1の対応だけで十分ではないでしょうか。

嫌いになる人は多くのことを自分に教えてくれ、また同時に成長させてくれる人でもあります。この1〜4のステップは自分を見つめ直すうえでもとても役立つアプローチですので、ぜひ試してみてください。

6-5

仲よし同士でも要注意！ 親しき中にも距離があり

仲がいいのに別れてしまう人

意外かもしれませんが、嫌いな人ではなく、とても仲がいい人との付き合いも気をつけなければなりません。距離を縮めすぎて後々トラブルになることもよくあります。「親しき中にも礼儀あり」と言われますが、まさにそんな事例を1つ、ご紹介します。

セラピストのAさんとBさんはもともと同じお店で働いていた友人同士で、とても気心が知れ、プライベートでも一緒に遊ぶ仲になりました。数年その店で経験を積み、2人は共同でサロンを開くことにしました。お互いにお客様もついていましたし、ノウハウもスキルもあったのではじめはとても順調でした。

ところが、サロンを開いて1年くらいしたころから、なんとなくギクシャクが増えたのです。

Aさんが主に会計を、Bさんがホームページの更新やチラシの作成などを担当していたのですが、だんだんAさんはBさんの金銭感覚に不信感を持つようになりました。

Bさんとしてはきちんと必要経費を計上しているつもりだったのですが、いいものをつくりたいという気持ちから少々高品質な素材を使っていたそうです。

Bさんはそうした説明をしたのですが、Aさんはそのほかの諸々の点でもBさんに不満を抱えるようになり、開店から2年半でBさんはAさんのもとを去ることになりました。

実はこのBさんが私のクライアントさんでした。AさんとBさんは一緒にサロンをはじめる際に、本来決めておくべき経費上のルールや運営上の役割分担を曖昧なままにしておいたようです。

仲がいいし、なんでも話せるから、問題が出てもそのときに話し合えばいい、という思いでお互いいたそうです。

ところが、いざ問題が起きてみると、お互いの考えにすれ違いがありました。しかもそこにプライベートの恋愛問題なども絡んできて、一気に溝が深まってしまったようです。

†仲がいいと問題をうやむやにしてしまう

仲がよすぎるがゆえに、その関係を崩したくない、という思いは誰にでもあるものです。それゆえに、なんとなく曖昧にしたり、放置したりしている問題は意外に多いのです。

今回ご紹介したAさん、Bさんの関係性はわかりやすいのですが、たとえば、役割分担も大まかに会計と宣伝（ホームページ）というのはお互いの得意分野から決めていたのですが、宣伝費がいくらだの、チラシやメニューにかける金額といったお金については曖昧だったそうです。

また、Bさんが行っていたホームページの運営やブログ、SNSへの書き込みは見た目以上にストレスがかかるのですが、「私はよくわからないから」とあまり積極的に関わってくれなかったAさんにBさんは不満を募らせていました。

そうした不満やすれ違いはあれど、ご飯を食べに行ったり、定休日には一緒に買い出しに行ったり、友達として仲よくしていた面もあり、なかなかお互いの思いを言いだせず、気がつけばどんどん問題ばかりが大きくなってしまったそうです。

信頼できる相手だからこそ、言いにくい話題にも踏み込むことが大切だと教えてくれる事例です。

†信頼があれば言いにくいことも言える

一般的には、お金のこと、家族のこと、体調や健康に関すること、政治や信仰している宗教などについての話題はタブーとされています。

しかし、お互いの関係にとって重要なことなのに、関係悪化を気にしたり、今のいい関係が崩れることを危惧(きぐ)したりしてタブーから目をそらしていると、結果的に関係性が一気に破綻してしまうこともあります。

私のクライアントさんの中には、自分が信仰している宗教のことを言いだせず、ひょんなことから結婚式の1カ月前にパートナーにその事実が発覚して大問題になった方もいらっしゃいます（結果的に、パートナーがその宗教に入信しなくてもいいことを約束して、結婚式にこぎつけました）。

そうした言いにくい話題に踏み込むのに大切なのは何でしょう？　一般的には「勇気」だと思いますが、もう1つ大切なものがあると思っています。

それは「信頼」です。

違う環境で育ってきた者同士が友人なり、恋人なり、ビジネスパートナーになるわけです。当然、価値観も違えば、考え方も違うところが出てくるでしょう。

そのときに、相手の人となりを信頼し、また、これまで築いてきた2人の関係を信頼して、思い切って伝えてみるのです。

そうしたトラブルやすれ違いは物別れの原因にもなりますが、一方で、より強い絆（きずな）をつくってくれる恩恵にもなります。

「彼は自分が正直に話せばきっとわかってくれるし、理解しようとしてくれるだろう」

「今までいい関係を何年も築いてきたんだ。だから、これくらいのことで破綻するなら、それまでの関係だ」

そんな思いを抱いて1歩踏み出してみてください。

きっと以前よりも信頼関係をさらに深められると思います。

第7章

あるある！こじれた関係の直し方

7-1 パワハラ、セクハラ被害者は親近感を抱かれている

†いい人ほどパワハラ、セクハラの被害者に

昨今、パワハラやセクハラは今さらニュースにならないほど頻繁に起きており、この本をお読みの方も実際そういう目に遭った方も少なくないと思います。

パワハラ、セクハラ、モラハラの問題は、加害者側にその自覚がないことがほとんどで、「これくらいなら許されるだろう」「これも部下の教育の一環」「オレはもっとひどい目に遭ってきた」「これはコミュニケーションの1つ」などという一方的な思い込みによってなされているものです。

ところが、こうしたハラスメントは、もちろん受ける側の心に深い傷を残しますが、ついつい「いい人」でいてしまうことで被害を大きくしている面も否定できないのです。

たとえば、あなたは上司から理不尽な攻撃を受けたとき、それに対して毅然と「その言い方はいかがなものでしょうか？」と切り返すことはできますか？

また、あなたが女性だとしたら、飲み会の席で上司に軽く肩を触れられて「それ、セクハラです！」とはっきり言うことはできるでしょうか？

†加害者をつくっているのは誰だ？

もし、パワハラやセクハラを告発したら、「さらなる嫌がらせを受けるから」「そんな勇気はない、我慢したほうがいい」「口では勝てない」「そんなことしたらクビになってしまう」などの理由ではっきりとNOと言えないのであれば、悲しいことに自分自身がパワハラやセクハラを助長させてしまいます。

学校でのいじめの問題にも通じるのですが、「いい人」をしてしまったり、「嫌なことも場の空気を読んで我慢」したり、「相手が逆上するから」と何もしなかったりすると、相手は「それをしてもOK」という学びを得ます。

上司が部下の女性に「これくらいなら部下とのコミュニケーションの一環だ」と思い

込んでセクハラをしたとして、それを彼女がすごく不愉快な思いをしたのに黙って飲み込んでしまったのならば、その上司は「うん、それでよし」となってしまうのはわかりますよね？

つまり、自分を受け入れてくれた、自分のやり方を受け入れてくれたとして、親近感を持ってしまうんです（もちろん、加害者は相手がどんなに許容と思える態度を取っても、セクハラは絶対にしてはなりません）。

それはまずいですよね。自分の思いとは全然違う方向に話が進んでしまうんです。

✝どうしても「NO」が言えないときは

もちろん、NOと言えばいいとわかっているのにできないときはあります。

そして、NOと言えない自分が悪いんだ、なんて思い込んでしまう人もいるかもしれません。

いい人をしたり、我慢したりすることは私もおすすめしません。でも、直接言うことだけが正しいとも思っていません。

そこで、私は自分で言えないのならば、言える人に助けを求めよう！　という提案をいつもしています。

たとえば、次のような職場の先輩からのセクハラに困っている女性のこんな事例がありました。

一応、NOと伝えているのですが、全然心に響かないようで、彼女のプライバシーへどんどん踏み込んでこようとします。先輩は職場では信頼の厚い人だったため、上司にそれとなく相談しても、「君の思い過ごしじゃないか？」と取り合ってもらえません。

ただし、彼女のほうも事を大きくしたくない事情がありました。彼女にとってその仕事は好きなデザインに関われるもので、かつようやくつかんだ正社員でもあったからです。

そこで、彼女にこんな提案をしてみました。

「職場でもプライベートでもいいんだけど、厳しい系、スパルタ系の友達っていないかな？」

するると彼女は職場ではなく、学生時代からの友人に思い当たる人がいるとのこと。

「じゃあ、ちょっとその友人に手伝ってもらいませんか」

彼女は実践してくれ、あっという間にその先輩は彼女に対する態度を改めることになったのです。

それは何かというと、そのスパルタな友達に前述の事情を説明し、セクハラな先輩とのＬＩＮＥのやり取りを側で「監修」してもらったんです。

さすがはスパルタな友人です。友達のためだからなのか普段以上の切れ味で、先輩にあれやこれやときつい言葉を提案してくれたそうです。先輩はとても口が立つのでいつもなんだかんだ丸め込まれていたのですが、このときはそうはならずに彼に謝罪させるところまで指導してくれたのです。

たまたま友人に適役な人がいたのは幸いですが、いなかったとしても、できるだけ相談できる人には相談して「オープンにする」ということが大切です。

†「ＮＯ」と言える環境づくりを

私はプライベートでも仕事の問題でも、1人で解決することをあまりおすすめしていません。

必ずチームづくりを提案しています。

自分ではちっぽけだと思う問題に対しても、いろいろな方の意見を取り入れることは決して恥ではないばかりか、自分にはない視点を与えてもらえる最良のものです。

「NO」と言える環境づくり、そのために、職場の内外でぜひ「味方」をたくさん募り、こうした事例にも対処できる体制を自ら構築してみてほしいと思います。

私のもとにも多くの相談事例が寄せられるのですが、私もそのチームの一員に入れていただき、いろいろなアドバイスをさせてもらっています。時には職場のお局様に援助を求めることを提案しましたし、またあるときは別の部署の上司に相談して解決してもらったこともあります。

「案外人って捨てたもんじゃないですよね」なんて話をそのときはしました。

誰かに相談することで突破口が開けることはよくあることです。

そこは勇気を出してチャレンジする価値があると思うのですが、いかがでしょうか？

もし、人に言うのが苦手だったらネット上の掲示板などに書き込んでみてもいいと思います。

おおごとになってしまう……と不安になる方もいますが、「もうすでにあなたがそこまで追いつめられている時点でおおごとなんですよ」と私はお話ししています。

声を上げることで、必ずまわりがあなたのために動いてくれます。自分でできないことは人に頼む！ ここまで何度も出てきた「相互依存」ですね。自分にできないことはそれができそうな人に頼むことで、お互いがハッピーになれるのです。

そもそもハラスメントの被害はあなた1人に留まることはないものです。

今後も被害者を増やさないために、また、その加害者がこれ以上罪を重ねないように、アウトソーシングを意識してみてください。

7-2 突然、自分や相手の心が変わってしまうのはなぜ？

† 社会人10歳〜13歳の思春期と反抗期

一般的に中学生くらいは反抗期の真っ盛りと言われています。親の言うことにいちいち反発したり、無視を決め込んだりする時期ですね。この反抗期は親からすれば面倒な時期ですし、本人としても自分の感情に振り回されて繊細な思いに悩む時期でもあります。しかし、これは「親から精神的に自立する時期」として成育上、とても大切なものなのです。そして、この反抗期は何も思春期にだけ起こるものではなく、あらゆる人間関係で起きる問題でもあるのです。

恋愛でも付き合いはじめて数年すると関係性が変わります。

それまで大人しかった相手がだんだん自分の意見を言いはじめて、2人の間に険悪な空気が漂った、という経験をされた人も多いでしょう。

仕事においても、はじめは先輩や上司の言うことを素直に聞いていたのに、何年か経つと自分のやり方や考え方を持つようになり、上司や先輩に反抗的になる時期がきます。そして、「この会社にずっといていいいんだろうか？」ということも考えるようになります。

それを私は「社会における反抗期問題」としてよく取り上げています。

†今まで平気だったものがだんだん嫌になる心理

「社会における反抗期問題」は先に挙げた疑問以外にも、さまざまな問題として感じられるようになっていきます。


「上司のやり方はもう古いのではないか？」

「今までのやり方よりも、このほうが効率的なんじゃないか？」

「新しい○○という方法を取り入れたほうがより生産性が上がるんじゃないか？」

「この会社のシステムはもう時代遅れだ。このままでは生き残れないんじゃないか？」

などの思いがどんどん強くなっていくのです。これは社会人として、あるいは組織人として、自分の意見を持ち、自信を持っている証拠で、それなりの実績や経験を糧に、自分なりのやり方や考え方を構築しはじめたことを表しています。

社会人としては実に素晴らしいことなのですが、とはいえ、そういう意見を持ったとしても、すぐに意見を通してくれる会社は少なく、たいていは否定されてしまうことになります。

すると、「オレの気持ちを会社はわかってくれない」となり、否定的な思いを持つようになりますし、そこから「独立して自分の会社をつくる！」という思いになればよいほうで、多くの人は「仕方がない。この会社は変わらない。ここにいるなら会社の方針に従うほかない」とあきらめてしまうものです。

でも、それってすごくもったいないことですよね。

†離れることのメリットとデメリットを冷静に見つめる

私は30歳前後のまさに社会人としての思春期を迎えた方からの相談を受けることが多いのですが、その都度、その思いに賞賛を送りつつ、次なる課題を提案しています。

それはやはり自分軸という話で、自分をしっかりと持ちつつ、その会社とどうやって付き合っていくか？　という方法です。

自分というものをきちんと持つことがやはり前提になります。

そのうえで、今の組織について、あるいは今の会社のやり方について理解を深めます。思春期というのは悪く言えば短絡的な「正しさ」にこだわってしまうところで、融通が利きにくいところなのです。

したがって、なぜこの会社がその方法を取り入れているのか？　そのメリットは何なのか？　その方法が生み出す問題点は何なのか？　について、まずは「理解」してみることが大切です。

すると、メリットとデメリットが見つかってくるものです。

†まわりを巻き込むことで違う道が見えてくる

ある事例をご紹介しましょう。職場から無駄な会議を一掃したケースです。

彼は毎週のように開かれる中身の薄い会議に疑問を持ちました。それに気づいた彼は「何の意味があるんですかね？」と先輩に毒づいていたんですね。しかし、その会議がお互いのコミュニケーションを図ることを目的としていることと、上司が部下の状況を把握することに役立っていることに気づきました。

そこで彼は先輩と相談を重ねつつ、懇親を目的とした場と、物事を決定する会議を別にすることを思い立ち、その先輩を巻き込んで上司に提案してみたのです。この「先輩を巻き込んだ」というのは彼の成功の秘訣だったんですね。1人で提案するよりもより効果的に物事が進みますから。

そこで、懇親を目的とした場として「朝礼」を提案し、毎週月曜日か火曜日の朝、それぞれの状況について報告する場を設け、会議は議題が上がったときにのみに開催するようになったのです。

その朝礼では、公私を含めた今の自分の状況を部員それぞれが発表する場となりました。はじめはぎこちなかったものの、上司自ら最近の夫婦ゲンカによって小遣いを削減された話を面白おかしく暴露するなどして徐々にオープンな場となり、ある人は婚約を発表し、ある人は親の介護について告白する場ともなり、以前よりもずっと部内の風通しがよくなりました。その一方で、会議は短時間で目的を持ったものとなり、それまでのような数時間もだらだらと続くことはなくなったそうです。

彼はその後も、まわりを巻き込みながらさまざまな提案を通していくことに成功し、1年後にはその部署の業績が上がり、職位も年俸も一気に上がりました。今では、ほかの部署も、彼らのやり方を取り入れるようになり、全社的な変化を生み出しているそうです。

社会人としての反抗期もやり方次第によっては会社そのものを変えるきっかけになるのです。もちろん、1人で孤軍奮闘する必要はなく、自分の意見に耳を傾けてくれる先輩や同僚がいてこそ成り立つのです。

このことは冒頭でもお伝えしたように、恋愛や夫婦関係にも言えることです。急に冷めることや、これまで溜まっていた不満が爆発するときがあるでしょう。そこで一気に解消する前に、もう一度冷静に関係性を問い直せば、また、周囲の人たちに相談することで、思いがけない道が開けることもあるのです。

それはあなたのお守りに！　ポケットに辞表を忍ばせて

†感情の背景を探れ

仕事を続けるのがいいのか、転職すべきなのか……カウンセリングでは当然そうした話題に触れることも多くなります。私はカウンセラーなので、「どうして辞めたい気持ちになるのか？」という感情、気持ちについての質問が多くなります。

たとえば、「仕事が面白くないから」という気持ちにも、さまざまな感情的背景が考えられます。仕事の中身が単純作業の繰り返しで飽きてしまっている場合もありますし、職場の人間関係がギスギスして居心地が悪い場合もありますし、苦手な上司と馬が合わなくて苦労している場合もあります。

そのとき、私は「自分がしたいことは何？」という質問をよくさせていただくんです。正直な気持ちは何？　という意味で。

たとえば、上司が変わったら今の会社にいることが幸せに感じられるのでしょうか？

それとも、上司が変わろうが変わるまいがこの仕事を辞めたいと思うのでしょうか？

そこでポイントとなるのが「自己評価」です。

†過激だが効果絶大の宿題

あなたは自分のことをどれくらい信じられるでしょうか？

どれくらい自分のことを高く評価しているでしょう？

つまり、どれくらい今の自分に自信が持てるか？　が大事なんです。ここで自己評価が低いと、他者評価に依存することとなり、他人軸になってしまいます。それだと自分が行動を起こす際にどうしても受け身に回ってしまいます。

「こんな実力のない自分なんて転職しても同じことを繰り返すだけ」とか「ほかの人はうまくやっているのにあの上司とうまくできないのは自分がダメだからだ」と思い込んでしまったら、思い切った行動はできませんよね。

それは転職すべきかどうか？　という課題のときはもちろんですが、自分が取り組みたいプロジェクトがあってもそれを提案することに躊躇（ちゅうちょ）してしまうでしょうし、部内の意思疎通に問題があると気づいたときも改善案を提出する勇気が持てないでしょう。

そんなときにちょっと過激な宿題を出してみることがあります。

「辞表を書いてみてください」

† 辞表と離婚届はあなたを強くする

一度、辞める、ということに意識を向けてみることで、視点を変えるのです。「死んだ気になりゃなんでもできる」という昔ながらの言葉がありますが、それをアレンジしたようなものです。

何人ものクライアントさんにこれを書いてもらいました。

そうすると、不思議なことに気持ちが強く、大きくなって、今までなら我慢してしまっていたことも上司にどんどん言うようになったし、取引先に対しても今までとは違うより強い態度に出られるようになったのです。

もちろんその一方で、辞表を書いたら清々しい気持ちになって、「やっぱり本当にこの会社を辞めたいと思っていたんだ」と本音に気づいた方もいます。

ある人は、いつもスーツの内ポケットに辞表を忍ばせて出勤していました。

彼は古い考え方の上司といつも衝突し、ずっと我慢を繰り返してきたのですが、「いざとなればこの辞表を叩きつけてやる！」と思いながら、上司と話をしてみると、不思議なことにそんなに抵抗なく彼の意見を上司が受け入れたのです。

その後も、不思議と彼の意見を上司は尊重してくれるようになったんです。ある日、上司との面接で彼は意外な言葉を耳にします。

「最近の君はとても頼もしく思っている。以前は実力はあるがどこかひ弱な感じがして、素晴らしい提案を持ってきてくれてもイマイチ説得力に欠けていた。しかし、最近の君は一皮剥けたように意志の強さを感じるし、きちんと筋が通った提案をいつも上げてくる。何かあったのかね？」

辞表を書く、というのは「覚悟を持つ」ことにつながります。そうすると自分では気づかないうちに意識が変わり、積極的だったり、強く出られたり、意思をはっきり持てるようになったりするのです。

ご紹介したのは仕事編ですが、夫婦編でも相談に来られた方に「離婚届」を書いてみることをおすすめすることがあります。一度、意識を反対側に振ってしまうことで見方が変わるし、しっかり「今」と向き合おうという覚悟が生まれるのです。

7-4 煮ても焼いても食えない!? みんなが悩む嫁姑問題

こじれた関係の典型とも言うべき嫁姑問題について、最後に解説いたしましょう。次のように悩んでいた奥様のケースです。

†口うるさい姑にブチ切れた嫁

子どもが生まれたことを機に旦那さんの実家の敷地内に家を建てて引っ越しをしたのですが、お義母さんがとても感情的かつ干渉的で生活や育児のことにあれこれと口出しをしてきました。

はじめはきちんと話を聞いて言うとおりにしていたのですが、だんだんそれがつらくなってきました。それを旦那さんに相談するのですが、そもそも過干渉なお義母さんに育てられた息子ですから、母親には逆らえず、「まあまあ」と彼女をなだめる程度で、彼女はそんな旦那さんにも不満を募らせていました。

とはいえ、彼女も仕事をしている関係で保育園の送り迎えを足の悪いお義父さんにお願いしていたり、仕事で遅くなる時などは晩ご飯をつくってもらっていたこともあり、あまり強くは言えませんでした。

旦那さんの妹さんにも相談してみましたが、「そういうお母さんだから我慢して。それがダメなら家を出るしかないよ」と言われてしまいます。

悩んでいるうちに、彼女もだんだん体調がすぐれなくなってきて、いよいよ追いつめられてきたのです。

そして、ある時にとうとう爆発してしまいました。お義母さんと大喧嘩です。そして「出ていけ」「出ていく」話に進展してしまいました。

旦那さんはそんな2人を見ておろおろするばかりでした。

†「いい嫁が来てくれて私はうれしい」

こんな修羅場に巻き込まれたくないよという旦那さんの気持ちも男としてわかります

が、本当につらいのはご本人たちです。いったい、どういう結末を迎えたと思いますか？

「嫌いな人は自分と似ている人」という話を165ページで紹介しましたが、客観的に見れば彼女とお義母さんは似た者同士でした。もちろん、私は初めてお会いしたときにそのことに気づいていましたが、さすがにすぐにお伝えすることは憚られました。

その後、幾度となく衝突し、一時期は彼女が近くにアパートを借りて別居する事態にも発展しましたが、カウンセリングをしていくうちに、だんだん彼女がお義母さんのことを理解できるようになっていきました。

お義母さんもかつて姑からひどくいじめられたこと、そして育った家庭が複雑でつらい思いをしてきたこと、さらには結婚を機に好きだった仕事を辞めて縁も所縁もない旦那さん（お義父さん）の家に入り、かつ排他的な田舎の雰囲気もあって地域に馴染めなかったこと……。

そうして「ああ、まるで私と似ている」と気づいたのです。それならきっと気持ちも理解し合えるはずと、彼女は自分軸でお義母さんに近づいてみたのです。そのとき、義妹さんがかなり力を貸してくれて、一緒に話し合いの席に着いてくれたり、彼女の相談に乗ってくれたりしました。

そのうち、お義母さん自身も態度を軟化させ、彼女に心を開いてくれるようになりました。すると、本当は悪い人でも何でもなく、言い方がきつかったり、感情的になったりするだけで、内面はとても気がつく、やさしい人のように見えてきたのです。

お義母さんが体調を崩して入院することになったときには、お見舞いに来た彼女にしみじみと「いい嫁が来てくれて私はうれしい。私がきついからいろいろと苦労をかけてしまって申し訳なかった」と言ってくれたのです。

そのとき、彼女は溢れる涙をこらえることができませんでした。

実は彼女自身も実の母親と問題があってわかり合えないまま家を出ていたのですが、そのお義母さんの言葉を聞いて、はじめて母親の愛というものがわかったような気がしたそうです。

その病気がきっかけなのか、彼女が心を開いたせいか、お義母さんはかつての感情的な側面はすっかり影を潜め、退院してからも「いいおばあちゃん」となって良好な家族関係を築くことができたのでした。

彼女をサポートしていた義妹さんも「お義姉さんのおかげで家族が変わった」と涙を流して喜んだそうです。

自分の気持ちをぶつけ、覚悟を決め、そしてきちんと自分にもお義母さんにも向き合った結果、彼女は今までの人生で初めての安らかな家族を手に入れました。

あとがき　まず自分、次に相手、そして最後が2人の関係性

「まえがき」でも少し触れましたが、私もかつては他人軸でいつもまわりの人の顔色ばかりをうかがっていた時代がありました。嫌われないように振る舞うこともそうですが、私の場合はそれ以上に「相手の期待に応える」ということにすごく神経を使っていました。

就職したとき、私は会社からとても嘱望されて入社したのですが、その期待に応えようと無理をしてしまい、半年で体調を崩してしまいました。

そのころは上司や同僚の顔色ばかりを気にしていましたし、どうしたら相手の望む成果が残せるか？　どうしたら失望されずにすむか？　ばかりを考えていたわけですから、その出来事は大きな挫折になりました。

また、同時に当時付き合っていた恋人との関係もギクシャクしはじめ、彼女を傷つけてしまったり、自分が振り回されたりと、まさに暗黒時代でした。

そのころの私は本当に自分を見失って、まわりに翻弄（ほんろう）されつづけていたのです。

†「自分軸」を確立したことで、驚くほど生きやすく

私は母親に愛されて育ったぶん、人との心理的な距離は近いタイプでした。だから、1人になることを非常に恐れていて、いつも誰か近くにいる人を求めて、孤独にならないように気を張っていました。

しかし、まわりに誰かがいたとしても、なぜか寂しさや孤独感をいつも感じていたのですね。いつかいなくなるのでは？　という不安がぬぐえなかったからです。

そんな時代に心理学と出会い、自分と向き合いつつ、カウンセリングの手法を学んでいきました。

なかなかはじめはうまくいきませんでしたが、だんだん自分軸で生きられるようになり、それまでの人との近すぎる距離もまくはかれるようになっていきました。

それにしたがって私自身がとても生きやすくなり、人間関係にエネルギーを割かずにすむようになってきたのです。

仕事に自信を感じられるようになり、ほんとうに自分がしたいことに集中することができるようになりました。

すると、自分がやりたいことや好きなことに意識を向けるようになればなるほど、不思議なことに人間関係もどんどん良くなっていくという相乗効果が生まれたのです。

妻ともいろいろあった時期もありましたが、私だけでなく妻もどんどん成長し、変化していったので、以前に比べて今はだいぶ大人な関係が築けていると思っています。

そして、私は今、カウンセリングはもちろん、セミナーをしたり、いろんな仲間たちとコラボレーションして仕事をしたりしていますが、「本当に人に恵まれている！」と実感するようになりました。20年前と比べたら雲泥の違いがあるとこの文章を書きながら気づいた次第です。

†「人間っていいですね」と言える自分に

そんなふうに自分自身を実験台にしてさまざまな取り組みをし、かつ多くのクライアントさんと接するうえで、うまくいった方法や考え方をまとめたものが本書です。

今、私のカウンセリングやセミナーを受講されると、その中で幾度となく「自分軸」という言葉を耳にすると思います。

いい人であればあるほど、相手の気分を害したくないと思って他人軸になってしまいますし、問題が起きて自分が不安になっているときは他人軸になって相手に振り回されてしまいます。

だから、そういうお話をお聞きするたびに「自分軸を取り戻しましょうね」という話をさせていただくのです。

すなわち、まずは自分の足でしっかりと立ち（自分軸を確立する）、そのうえで相手の気持ちを考え、相手のために与え、相手を信頼することで、お互いにとってよりベストな距離を確立することができるようになるのです。

「まず自分、次に相手、そして最後が２人の関係性」という順番なのです。
いい人たちは、この順序が逆になってしまうがゆえに苦しくなってしまうのではないでしょうか？

そんなあなたが、自分が心地よい、しなやかな人間関係を築くためのノウハウや考え方を、本書を通じて学び、実現してくだされば、これに勝る喜びはありません。

すぐに活用するには難しく感じる箇所もあるかもしれませんが、幾度となく読み返し、腑に落とせば、きっと効果を発揮してくれるものと思っています。

「人間っていいですね」という言葉をクライアントさんからお聞きするたびに、私はとても幸せな気分になります。

あなたにもぜひ実感していただければと願っています。

*

最後になりましたが、何度もあきらめずに本書の企画実現に協力してくださった方々、そしていつも私を支え、見守ってくれる妻や子どもたち、私の活動を支えてくれるスタッフたち、さらには多くのネタを提供してくれると同時に素晴らしい時間を共有してくださっているクライアントさん、受講生の皆さんに感謝を申し上げます。

2021年5月

根本　裕幸

本書は、2018年3月にフォレスト出版より刊行された『敏感すぎるあなたが人付き合いで疲れない方法』を改題・加筆および再編集したものです。

[著者プロフィール]
根本裕幸（ねもとひろゆき）
心理カウンセラー。
1972年静岡県生まれ、大阪府在住。1997年より神戸メンタルサービス代表・平準司氏に師事。2000年より、プロのカウンセラーとして活動。2015年よりフリーのカウンセラー、講師、作家として活動を始める。著書にベストセラー『敏感すぎるあなたが7日間で自己肯定感をあげる方法』や『つい「他人軸」になるあなたが7日間で自分らしい生き方を見つける方法』（共にあさ出版）をはじめ、『ふと感じる寂しさ、孤独感を癒す本』（清流出版）、『人のために頑張りすぎて疲れた時に読む本』（大和書房）、『7日間で自分で決められる人になる』（サンマーク出版）など多数。

オフィシャルブログ　http://nemotohiroyuki.jp/

なぜ、あなたは他人の目が気になるのか？

２０２１年６月28日　初版発行

著　者　根本裕幸
発行者　太田　宏
発行所　フォレスト出版株式会社
〒１６２-０８２４
東京都新宿区揚場町２-18 白宝ビル５Ｆ
電　話　０３-５２２９-５７５０（営業）
　　　　０３-５２２９-５７５７（編集）
ＵＲＬ　http://www.forestpub.co.jp

印刷・製本　中央精版印刷株式会社

ISBN 978-4-86680-811-6
Printed in Japan

なぜ、あなたは他人の目が気になるのか？